华西期货投资者教育基地出品

衍生品实务教程

YANSHENGPIN SHIWU JIAOCHENG

主 编 ○ 黄怡中　赵宇超　王文龙

西南财经大学出版社
Southwestern University of Finance & Economics Press
中国·成都

图书在版编目(CIP)数据

衍生品实务教程/黄怡中,赵宇超,王文龙主编.—成都:西南财经大学出版社,2023.1
ISBN 978-7-5504-5610-5

Ⅰ.①衍… Ⅱ.①黄…②赵…③王… Ⅲ.①金融衍生产品—教材
Ⅳ.①F830.95

中国版本图书馆 CIP 数据核字(2022)第 210999 号

衍生品实务教程

YANSHENGPIN SHIWU JIAOCHENG

主编 黄怡中 赵宇超 王文龙

责任编辑:李晓嵩
责任校对:王甜甜
封面设计:何东琳设计工作室
责任印制:朱曼丽

出版发行	西南财经大学出版社(四川省成都市光华村街 55 号)
网　址	http://cbs.swufe.edu.cn
电子邮件	bookcj@swufe.edu.cn
邮政编码	610074
电　话	028-87353785
照　排	四川胜翔数码印务设计有限公司
印　刷	郫县犀浦印刷厂
成品尺寸	185mm×260mm
印　张	12.5
字　数	285 千字
版　次	2023 年 1 月第 1 版
印　次	2023 年 1 月第 1 次印刷
印　数	1—3000 册
书　号	ISBN 978-7-5504-5610-5
定　价	39.80 元

编委会

出 品 方：华西期货投资者教育基地

主　　编：黄怡中　　赵宇超　　王文龙

编　　委：柯　繁　　余　梅　　张兰月

　　　　　刘晏如　　丁钰鹏　　楚　乔

漫画插图：赵　尹

加大力度推进投资者教育纳入国民教育体系
服务期货市场高质量发展

期货市场是现代金融市场的重要组成部分，在促进国民经济高质量发展、服务国家重大战略方面发挥着积极作用。加强投资者教育，培育成熟投资者，促进全社会充分认识期货市场的功能和价值，发挥好期货市场价格发现、风险管理和资源配置的作用，对期货市场长期健康发展具有重要的现实意义。

习近平总书记指出，要把立德树人作为教育的中心环节。将投资者教育纳入国民教育体系，正是深刻领悟"两个确立"决定性意义、增强"四个意识"、坚定"四个自信"、做到"两个维护"的重要体现，是资本市场贯彻习近平新时代中国特色社会主义思想、落实"坚持人民至上"发展理念的具体举措。

近年来，四川证券期货行业以积极进取的姿态，大力开展各类专项主题投教活动，针对广大投资者尤其是在校大学生群体，探索开展了一系列"投资者教育纳入国民教育体系"活动，包括行业机构联合高校开展四川辖区首家"学分共建课程"、成立组建"高校投教联盟"、连续举办系列特色投教活动"暑期金融研训班"等，帮助高校学子生动立体掌握各类证券期货知识，树立理性投资观念，增强自我保护意识，得到社会各界广泛好评。

随着资本市场全面深化改革不断推进，投教工作也应当与时俱进、不断丰富。此次华西期货投资者教育基地编写的期货投教教材《衍生品实务教程》，是期货投教工作系统化的一次有益尝试，有望成为全国第一本由期货公司发起编写的投资者教育教材。本书由多位具有丰富经验的期货实务从业者撰写，内容覆盖衍生品基础知识、期货服务实体经济、衍生品工具运用方法等，具有较强的可读性和实用性，既可用于高校教学，又可用于投资者的一般常识阅读，是一部令人有所收获、对人有所启发的教材。

期货投资者教育之路漫长且修远，考验着期货人的坚持与襟怀。千里之行，始于足下，希望以本书的出版为契机，各方持续努力，推动期货投资者教育取得更大成效，不断夯实期货市场发展基石。

四川证监局党委委员、副局长　孟强

2022 年 10 月于成都

目录

那时候的交通运输不太便利，导致农民辛苦种植的粮食在上市时卖不出好价格，而当粮食青黄不接的时候，城里的粮食价格又疯涨，那时的人们都叫苦连天。

老师我明白了，是因为刚上市时供应加大了大家可以选择的数量多了，价格便宜了对吗？

乒乓回答得非常好哦。

正是因为这样，后来农民们想办法在每年播种的时候就预先跟城里人签订买卖协议，并且收了一些订金作为保证金，这种方式经过演化发展，慢慢就形成了现在的商品期货市场。

在商品期货市场逐步发展成熟以后，人们便开始将期货运用在了金融领域，金融期货、期权等新兴产品应运而生了。

1972年美国芝加哥商业交易所国际货币市场开始了国际货币的期货交易。1975年芝加哥商业交易所开展房地产抵押券期货交易，是金融期货交易的重要起点。

果然我还是肤浅了啊。

第一章 走进期货世界

本章引言

　　期货市场是集风险管理和财富管理于一体的市场。当前，我国期货市场正处在创新发展和不断完善的关键阶段，期货工具的运用对于我国大部分实体企业和中小投资者来说相对陌生，但期货却是影响我国实体经济发展的重要因素。对于宏观经济而言，期货可以作为实体企业转移价格风险的工具，有助于稳定国民经济，为政府制定宏观经济政策提供重要的参考依据，进而完善市场经济体系。对于实体企业而言，期货可以帮其锁定生产成本，实现预期利润；利用价格信号，组织现货生产，拓展现货销售和采购渠道。整体而言，期货市场对国民经济的健康稳定发展起着重要作用。

　　本章我们将带领读者走进期货的世界，了解什么是期货？期货的分类？期货交易是怎样进行的？通过本章的学习，读者会对期货市场有一个框架性的认知。

第一节　什么是期货

期货是以某种大宗商品或金融工具为标的的标准化可交易合约。标的物可以是农产品、原油、黄金等商品，也可以是金融工具。期货不是"货"，它本质上是远期商品买卖合同。

期货合约是由期货交易所统一制定的，规定在未来某一特定的时间和地点交割一定数量和质量标的物的标准化合约。

> **【举个例子】**
>
> 如果你需要在一个月后获得一个苹果，而此时苹果的价格是 5 元/个，那么你可以在期货市场买入一个月后到期的苹果期货合约。
>
> 一个月后不管苹果价格涨跌多少，你都可以以 5 元/个的价格在期货市场获得一个苹果。如果此期间苹果价格涨到 7 元/个，那么你便可以获得 2 元/个的盈利。

一般来说，在实际期货交易中鲜有交割实物的情况发生，除非是生产经营者。期货价格相对于现货价格具有先行指导意义，投资者和生产经营者均可以利用期货提早发现标的资产价格的变动趋势，并且根据各自需求对其进行合理利用。

期货合约中的标的既可以是实物商品，也可以是金融产品。

> **【多说一句】**
>
> 通俗来说，期货就是现货的远期合同，与我们平常在生活中常见的合同的区别在于这份远期合同可以在期货交易所进行买卖，并且在买卖过程中，这份远期合同的价格会以期货价格变动的形式体现出来。
>
> 在期货市场中，我们高度重视期货的"未来"特性。所谓"期"，意思就是未来。期货的英文名是"futures"，就是代表了未来、前途的意思。在服务实体经济过程中，帮助企业主做好避险操作的时候，也应该特别重视标的品种价格的未来走势推论，知晓价格未来性，才能知道如何避险操作。

从定义上来说，期货是一种衍生品，它的交易标的是现货实物，交易主体是期货合约。例如，"IF"是沪深 300 指数衍生出来的股指期货，"IH"是上证 50 指数衍生出来的股指期货，"IC"是中证 500 指数衍生出来的股指期货。又如，生猪期货就是由一头头生猪所衍生出来的期货品种。此外，大豆、苹果、黄金、铁矿石、镍、沥青等，都有衍生品期货，可以供投资者进行交易，但同时投资者也承担着风险。

【多说一句】

我们是否应该利用这些商品期货为生产经营者做出一些贡献？

答案是肯定的，期货就是为了降低经营风险而产生的。对此，本书会在后续章节进行介绍。

期货市场可以面对许许多多的行业，只要国家需要的行业（品种），在我国期货市场中几乎都可以找到。更重要的是，只要真正学好期货、期权避险技术，不论哪一个市场、哪一个行业、哪一个品种，都可以高度适用。全品种的避险策略是大同小异的，会操作一个品种的避险交易，就大概率掌握了其他品种的避险操作。

第二节　什么是期货交易

期货交易是相对现货交易的称呼，是一种标准化远期合约的集中交易形式，即交易双方在期货交易所通过买卖期货合约，并根据合约规定的条款，约定在未来某一特定时间和地点，以某一特定价格买卖某一特定质量和数量商品的交易行为。

期货交易是标的资产以期货合约形式进行买卖的一种方式。合约中约定了标的资产的质量标准以及买卖双方的相关权利和义务。期货交易的核心目的并不是追求商品所有权的转移，而是希望通过期货交易帮助生产经营者转移现货价格波动风险。期货市场的参与者大致有两种目的：一是套期保值，避免手上持有的商品或即将买入的商品因受到价格不利波动而遭受损失的风险；二是投机，买方和卖方预期价格将上涨或下跌，在交易中过程中相互博弈，谋求差额利润。标的资产既包括实物商品，也包括金融资产，如有价证券、外汇、商业票据等。期货交易所具备的双向性、低成本、高杠杆以及"T+0"等特点在本书后续章节将会做详细的介绍。

【多说一句】

我们在生活中需要对期货市场有正确的理解。设立期货市场的目的是给各领域企业提供经营中的成本管控工具。

这个工具需要大量的流动性来保障企业在进行避险交易时有充足的成交保障，不会产生买卖价差距离现货价格太远的成交风险。在交易中，当只有个别企业参与时，由于数量少、结构单一，报价容易产生较大的偏差，不易达成一致。

例如，现货价为 5 000 元/吨，而期货价为 6 000 元/吨，如此巨大的价差，对企业的避险成本就完全不合理了。这个时候如果有投机者（数量一般是企业的数倍甚至数十倍）的参与，市场报价就会更加丰富，价格也将趋于更加合理。因此，期货交易的流动性很重要，而提供流动性的参与者有一般投机者、做市商、避险者三类。

　　我们可以想象，如果某企业原来的正常生产利润率是 10%，但是因为市场价格波动，生产利润率会在 -10%~20% 之间，这样就会造成企业生产的局限性。但是，企业如果通过期货市场套期保值，可以将生产利润率稳定在 10% 左右。那么，各个行业的企业经营效能是否可以得到增强呢？答案是肯定的。

第三节　什么是商品期货

　　商品期货是指标的资产为实物商品的期货合约。商品期货历史悠久，种类繁多，主要包括农副产品、金属产品、能源产品等几大类。它是买卖双方在未来某个约定的日期，以签约时约定的价格买卖某一数量的实物商品的标准化协议。商品期货交易是在期货交易所内买卖特定商品的标准化合同的交易方式。

　　我国各期货交易所中比较受市场关注的标的品种如表 1-1 所示。

表 1-1　我国各期货交易所中比较受市场关注的标的品种

大连商品交易所		大连商品交易所	
标的品种	品种代码	标的品种	品种代码
豆粕	M	沪铜	CU
玉米	C	沪铝	AL
豆油	Y	沪锌	ZN
塑料	L	沪金	AU
棕榈	P	白银	AG
PVC（聚氯乙烯）	V	沪铅	PB
焦炭	J	橡胶	RU
焦煤	JM	螺纹	RB
铁矿石	I	燃油	FU
郑州商品交易所		上海国际能源交易中心	
标的品种	品种代码	标的品种	品种代码
白糖	SR	原油	SC
郑麦	WS	低硫燃料油	LU
郑棉	CF	20 号胶	NR
PTA（苯二甲酸）	TA	国际铜	BC
菜油	RO		
甲醇	ME		
玻璃	FG		
菜粕	RM		

【多说一句】

　　商品期货是期货的起源，也是人类贸易发展的必然结果。最初的贸易是以物换物，到用货币购买货物，再到远期合同交易，最后发展到现在可以转让买卖合同的交易，也就是现在的期货交易。商品期货极大促进了商业活动的发展，也在一定程度上保障了实体经济的平稳发展。

　　在国际上，或者在我国国内，期货市场看似属于小众市场，但期货市场的功能却是服务实体经济工作中具有提升企业主经营绩效的价值，非常值得读者好好学习。若你是学生，在未来投入实体工作时，也能在具备避险操作基础能力下，为工作做出贡献。若你是职场的上班族，学习本书所介绍的内容，也能帮助你的相关实务操作。本书的很多内容都是我们根据多年的市场经验积累出来的操作实务技能。

第四节　什么是金融期货

　　金融期货有别于传统商品期货，它的标的资产是金融产品，如有价证券、汇率、利率等。在我国，金融期货是指以金融现货（如股票价格指数、国债）为标的资产的期货合约。

　　金融期货交易出现在 20 世纪 70 年代的美国市场。1972 年，芝加哥商业交易所国际货币市场开始国际货币的期货交易。1975 年，芝加哥商业交易所开展房地产抵押券期货交易，这是金融期货交易的重要起点。目前，全球金融期货交易在许多方面已经走在商品期货交易的前面，占整个期货市场交易量的 80% 以上。

　　现阶段，已经被开发出来的金融期货品种主要有以下三大类：

一、股指期货

　　股指期货是指以股票指数为标的物的期货合约。股票指数期货是目前金融期货市场最热门和发展最快的期货交易。股票指数期货过去不涉及股票本身的交割，其价格根据股票指数变化计算，合约以现金清算形式进行交割较多。我国已经出现以期权市场为主，可做 ETF（交易型开放式指数基金）现货交割的业务。

二、利率期货

　　利率期货是指以利率为标的物的期货合约。世界上最先推出的利率期货是 1975 年由美国芝加哥商业交易所推出的美国国民抵押协会抵押证期货。

三、货币期货

　　货币期货是指以汇率为标的物的期货合约。货币期货是适应各国从事对外贸易和金融业务需要而产生的品种，目的是借此规避汇率波动风险。1972 年，美国芝加哥商业交易所国际货币市场成功推出第一笔货币期货合约，之后货币期货交易便成为世界性交易品种，受到全球法人机构、企业主、一般投资者的喜爱。目前，国际上货币期货合约交易涉及的货币主要有美元、欧元、英镑、日元等货币。由于我国经济发展水平不断提高，人民币期货也开始崭露头角，值得投资者多加关注。

【多说一句】

金融期货是国际金融市场不断发展成熟后的产物。随着互联网的发展，金融市场不断国际化。国际化后的金融市场，参与者日益多样化，也就造成了资产价格波动越来越大，市场风险急剧增加。为了规避这些风险，金融期货就应运而生了。

目前，在全球的期货市场中，就成交量来说，金融期货市场是最大的，也是最多专业投资经理使用金融期货、金融期权进行避险的市场。

全球可交易期货品种数量非常多，主要分为两大类：一类是商品期货，另一类是金融期货。在这些期货品种当中，很多都是备受国际避险基金钟爱的交易组合，这对于期货市场的发展有着重要价值。

近年来，我国证券市场参与者已超过 2 亿户，因避险需求的增强，资本市场对金融期货的需求也在逐步增强。因此，了解和掌握期货工具的运用，尤其是对金融期货的应用，将会是资本市场健康发展的一个重要环节。

在国际资本市场中，一名股票基金经理能否运用好金融衍生品工具，将直接影响其整体的投资收益率。

第五节　期货交易流程

期货交易作为发达的信用经济运行方式之一，必须具备一整套规范制度。这是期货交易正常运转的前提条件。

期货交易流程有以下几个步骤：

第一，指令下达方式包括当面委托方式、书面委托方式、电话委托方式、电脑自助方式。

第二，受令人有权利和义务审核客户的指令，包括保证金水平是否足够、指令是否超过有效期和指令内容是否齐全，从而确定指令的有效与无效。

第三，经纪公司的交易指令中心在接到交易单且检查交易单有无疏漏后，以电话方式迅速将指令传给经纪公司在交易所的出市代表。

第四，经纪公司在交易所的出市代表收到指令后以最快的速度将指令输入计算机内。

第五，指令中心将反馈回来的成交结果记录记入交易单，并按原程序反馈客户。

第六，原则上说，客户每一笔交易的最终确认以结算公司或交易所的结算部门的最终确认为准。

第七，客户每一笔交易都由经纪公司记录存档，保存期限一般不低于 5 年。

第八，客户每成交一手合约（买或卖），经纪公司都要收取一定的佣金。

【多说一句】

随着期货市场的发展，当面委托方式、书面委托方式、电话委托方式的应用已经相对较少，现在指令下达方式基本都以电脑自助方式为主。期货经纪公司安装了远程交易席位，客户可以坐在公司的远程交易终端前，自己下单交易，无需通过报单员和场内出市代表，交易指令就直接下达到交易所的交易主机。成交后，成交结果在远程交易终端显示。

机构法人在下单的时候，注重的是成交成本价的建构过程，而不是一定要买在最低或卖在最高。特别需要关注的是下单后的平均成本，在当天的交易范围内，买进时总成本低于当日平均价，而卖出时总成本高于当日平均价为法人机构追求目标。至于在交易成本方面，这原本就是机构法人的优势，其大多不会太注意。

第六节　期货名词

基础操作类名词如表 1-2 所示。

表 1-2　基础操作类名词

名词	解释
开仓	期货投资者针对某一商品进行初始买入或卖出期货合约的行为
做多	期货投资者看涨标的价格并买入期货合约的行为
做空	期货投资者看跌标的价格并卖出期货合约的行为
持仓	期货投资者手中持有合约
平仓	期货投资者买入或卖出与其所持期货合约的品种、数量以及交割月份相同，但交易方向相反的期货合约，进而了结期货交易的行为
斩仓	期货投资者所持头寸与价格走势相反，为防止亏损过多而采取的平仓措施
强制减仓	交易所将当日以涨跌停板价申报的未成交平仓报单，以当日涨跌停板价与该合约净持仓盈利客户按持仓比例自动撮合成交

交易类名词如表 1-3 所示。

表 1-3　交易类名词

名词	解释
头寸	投资者所持有的期货合约数量。对买方来说，其处于多头头寸；对卖方来说，其处于空头头寸
升（贴）水	在某一特定地点和特定时间内，某一特定商品的期货价格高于现货价格称为期货升水，期货价格低于现货价格称为期货贴水
持仓量	期货投资者所持有的未平仓合约的双边数量
持仓限额	期货交易所对期货投资者持仓量规定的最高数额
成交量	成交量是指该合约在当日交易期间所有成交合约的双边数量
撮合成交	期货交易所的计算机交易系统对交易双方的交易指令进行配对的过程
最小变动价位	期货合约的单位价格涨跌变动的最小值
每日价格最大波动限制	期货合约在一个交易日中的交易价格不得高于或低于规定的涨跌幅度，超过该涨跌幅度的报价将被视为无效，不能成交
期货合约交割月份	期货合约规定进行实物交割的月份
最后交易日	期货合约在合约交割月份中进行交易的最后一个交易日
申买量	期货合约当日交易所交易系统中未成交的最高价位申请买入的下单数量
申卖量	期货合约当日交易所交易系统中未成交的最低价位申请卖出的下单数量
交易编码	期货会员按照交易所细则编制的用于客户进行期货交易的专用代码

价格类名词如表 1-4 所示。

表 1-4　价格类名词

名词	解释
开盘价	期货合约开市前经集合竞价产生的成交价格。集合竞价未产生成交价格的，以集合竞价后第一笔成交价为开盘价
收盘价	期货合约当日交易的最后一笔成交价格
最高价	一定时间内该期货合约成交价中的最高成交价格
最低价	一定时间内该期货合约成交价中的最低成交价格
最新价	某交易日该期货合约交易期间的即时成交价格
最高买价	期货合约当日买方申请买入的即时最高价格
最低卖价	期货合约当日卖方申请卖出的即时最低价格
涨跌	期货合约交易期间的最新价与上一交易日结算价之差
取消指令	投资者要求将某一指定指令取消的指令
新上市合约挂盘基准价	由交易所确定并提前公布，是确定新上市合约第一天交易涨跌停板的依据

表1-4(续)

名词	解释
开盘集合竞价	期货合约在每一交易日开市前5分钟内进行,其中前4分钟为期货合约买卖指令申报时间、后1分钟为集合竞价撮合时间
当日结算价	期货合约当日成交价格,即成交量的加权平均价。当日无成交价格的,以上一交易日结算价作为当日结算价
涨跌停板	期货合约在交易时间内,出现只有停板价位的买入(卖出)申报、没有停板价位的卖出(买入)申报,或者一有卖出(买入)申报就成交,但未打开停板价位的情况
成交价格	交易所计算机自动撮合系统,将买卖申报指令以价格优先、时间优先的原则进行排序,当买入价大于、等于卖出价则自动撮合成交

制度类名词如表1-5所示。

表1-5 制度类名词

名词	解释
风险警示制度	当交易所认为必要时,可以分别或同时采取要求报告情况、谈话提醒、发布风险提示函等措施中的一种或多种,以警示和化解风险
强行平仓制度	会员或投资者违规超仓,或者未按规定及时追加交易保证金以及存在其他违规行为,交易所对违规会员采取强行平仓措施
大户报告制度	当会员或投资者某品种持仓合约的投机头寸达到交易所对其规定的投机头寸最大持仓限制标准80%时,会员或投资者应向交易所报告其资金情况、头寸情况,投资者须通过经纪会员报告
集合竞价最大成交量原则	以此价格成交能够得到最大成交量。高于集合竞价产生的价格的买入申报全部成交;低于集合竞价产生的价格的卖出申报全部成交;等于集合竞价产生的价格的买入或卖出申报,根据买入申报量和卖出申报量的多少,按少的一方的申报量成交。若有多个价位满足最大成交量原则,则开盘取与前一交易日结算价最近的价格
每日无负债结算制度	逐日盯市,即每日交易结束后,交易所按当日结算价结算所有合约的盈亏、交易保证金以及手续费、税金等费用,对应收应付的款项实行净额一次划转,相应增加或减少会员的结算准备金

交易保证金类名词如表1-6所示。

表1-6 交易保证金类名词

名词	解释
保证金	投资者按照规定标准缴纳的资金,用于结算和保证履约
结算	根据交易结果和交易所有关规定对会员交易保证金、盈亏、手续费、交割货款以及其他有关款项进行计算、划拨的业务活动
交易保证金	交易会员在交易所专用结算账户中,确保合约履行的资金,是已被合约占用的保证金。当买卖双方成交后,交易所按持仓合约价值的一定比率收取交易保证金

表1-6(续)

名词	解释
追加保证金	当投资者保证金少于一定数量时，经纪公司要求客户补足的部分
风险准备金	由交易所设立，用于为维护期货市场正常运转提供财务担保和弥补因交易所不可预见风险带来的亏损的资金

交易盈亏类名词如表1-7所示。

表1-7　交易盈亏类名词

名词	解释
当日盈亏	期货合约以当日结算价计算的盈利和亏损，当日盈利划入会员结算准备金，当日亏损从会员结算准备金中扣划
浮动盈亏	未平仓头寸按当日结算价计算的未实现赢利或亏损
合约单位净持仓盈亏	客户该合约的单位净持仓按其净持仓方向的持仓均价与当日结算价之差计算的盈亏

交割类名词如表1-8所示。

表1-8　交割类名词

名词	解释
交割差价	最后交易日结算时，交易所对会员该交割月份持仓按交割结算价进行结算处理，产生的盈亏为交割差价
实物交割	期货合约到期时，根据交易所的规则和程序，交易双方通过该期货合约所载商品所有权的转移，了结未平仓合约的过程
集中交割	卖方标准仓单、买方货款全部交到交易所，由交易所集中统一办理交割事宜
期货转现货	持有同一交割月份合约的交易双方通过协商达成现货买卖协议，并按照协议价格了结各自持有的期货持仓，同时进行数量相当的货款和实物交换
滚动交割	在合约进入交割月以后，由持有标准仓单和卖持仓的卖方客户主动提出，并由交易所组织匹配双方在规定时间完成交割的交割方式

期货市场类名词如表1-9所示。

表1-9　期货市场类名词

名词	解释
正向市场	在正常情况下，期货价格高于现货价格
反向市场	在特殊情况下，期货价格低于现货价格
牛市	处于价格持续上涨期间的市场
熊市	处于价格持续下跌期间的市场

【多说一句】

　　一名职场人在进入一个行业前，需要对该行业的专有名词具备一定的认知水平，这也是同行间最容易沟通的语言。因此，熟悉期货专有名词，并能够朗朗上口地与人交流，是展现自身专业能力的一种表现。进一步说，一名职场人能更多理解期货市场的专有名词，那么在同事看来，这个人就是一个跨领域的高手。同时，这个人往往更受老板的重视。

乔乔你咋了，怎么看上去不开心？

现在的衣服好贵啊，我感觉以后我都养不活自己了。

你们知道吗？衣服的价格也和期货息息相关哦。

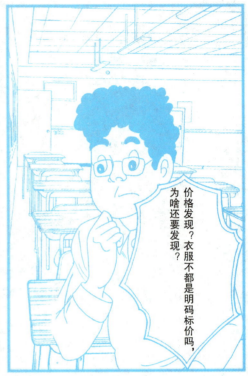

价格发现？衣服不都是明码标价吗，为啥还要发现？

你们想想，衣服是由棉花等材料做成的，而棉花作为日常农产品，其期货价格的形成，就是直接影响服饰价格的重要因素。而期货市场的两个功能便是价格发现和风险规避。

（1）价格发现能够真实反映市场变化及趋势
（2）企业通过套期保值可以有效分散现货价格波动风险

老师，我知道了，企业凭借期货知识，抓住现货与期货之间的联系，就能有效降低成本啦。

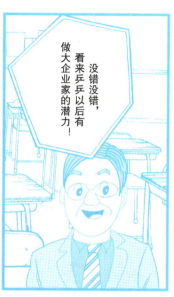

没错没错，看来乒乓以后有做大企业家的潜力！

期货合约到期前，期货价格是连续变化的，它具有权威性和真实性，对生产经营者有较强的指导意义，对管理者调整生产经营策略有着至关重要的作用。

一定要好好学习期货知识，以后当老板了降低成本，造福大众。

第二章　找准定位，发挥功能

本章引言

　　在了解了期货的基本概念后，想要熟练运用期货工具，我们就应该弄清期货市场的本质是什么？期货市场为什么会存在？期货市场存在的作用又是什么？多数投资者眼中的期货都是泛指它的投机特性，但这并不是期货市场产生的根源。

　　第一章已经介绍了什么是期货，本章从期货市场的主要功能为读者进行介绍，以此说明期货市场的本质。期货市场包含了价格发现和风险规避两大功能。价格发现是企业套期保值的基础，也可以指导企业具体的生产经营活动，抑制未来价格的过快的上升或下降，稳定了供需和价格。风险规避的最主要方式是套期保值，企业通过套期保值可以锁定价格，保证了企业利润，让企业得以健康、稳定、持续发展。通过本章内容的学习，我们可以了解期货的价格发现和风险规避两个基本功能的实现原理。我们只有找准了期货市场的定位，才能充分发挥期货市场的功能。

第一节　期货市场的主要功能

期货市场有两个主要功能，分别是价格发现和风险规避，如表 2-1 所示。

表 2-1　价格发现和风险规避的概念

概念	解释
价格发现	由于期货价格是在期货市场通过公开集中竞价形成的，因此能够真实反映市场变化及趋势，具有较高的代表性和权威性
风险规避	由于同种商品的期货价格与现货价格具有趋同性和趋合性，投资者可以利用这一规律，通过套期保值操作，在期货市场和现货市场之间构建盈亏冲抵机制，达到有效分散现货价格波动风险的目的

上述两个期货市场的主要功能的定义，涉及了一些相关专用名词，如表 2-2 所示。

表 2-2　相关专用名词

名词	解释
集中竞价	集中竞价是指期货的买卖双方在交易所内通过竞价进行成交的一种交易方式。因为买卖双方参与人数众多，其中既有买方间的竞价也有卖方间的竞价，所有参与者公开的报出价格最后都通过在期货交易所内竞争形成的价格，即公开集中竞价
趋同性	两个标的资产之间有着相同的价格影响因素，因此导致它们价格变化的趋势也大致相同。例如，大豆期货价格和大豆现货价格的价格变化都受到大豆自身的产量、市场消费量等因素的影响，因此两者的价格变动趋势也就大致相同
趋合性	期货合约到期时，在理论上，期货价格和现货价格会大致相同。因为期货合约到期交割后自然成为现货，不管它们之前的价差有多大，在临近到期前，期货价格会和现货价格一同收敛靠近

正是因为期货价格和现货价格存在着趋同性和趋合性的规律，企业可以利用这一规律，通过套期保值操作，有效转移生产经营中的价格波动风险。

> **【多说一句】**
>
> 上述几个期货市场的特点尤为重要，值得我们不断思考，它们是期货价格形成和变化的最本质的原因与依据。对它们有清晰的认识，有助于提高我们分析期货价格的变化规律时的准确性。
>
> 单独看这些功能或许没什么特别的，但如何综合应用却是非常考验水平的。

第二节　价格发现功能

期货市场是一个高度组织的规范化市场，期货交易聚集了数量众多的买卖双方，他们各自把自己掌握的对某种商品的供求关系及其价格变动趋势的信息集中到交易场内，从而使期货市场成为一个公开的自由竞争的市场。这样通过期货交易就能把众多的影响某种商品价格的供求因素集中反映到期货市场内，形成的期货价格能够比较准确地反映真实的供求状况及价格变动趋势。

全球期货市场均采用的是集中交易模式，期货价格代表绝大多数人认可的价格，因此期货价格往往成为影响现货市场价格的重要风向标。

【多说一句】

期货市场的价格发现功能是最为重要的功能，因为它的有效性给生产经营者带来了方向性的指引。简单来说，期货价格给出了未来一段时间现货的预期价格。我们可以通过价格对比来发现现货价格未来一段时间内的价格走向。例如，大豆现货价格是 5 000 元/吨，而 5 个月后的期货价格为 6 000 元/吨，通过期货的价格发现功能，我们可以预期大豆现货价格在未来的 5 个月里将不断上涨，而且在理论上价格将有 20% 的上涨空间。

期货价格能有效解决生产经营者的成本控制问题。因为在期货市场产生之前，生产经营者主要是依据现货市场上的商品价格来进行决策的，并根据现货价格的变动来调整自身的经营方向和经营方式。由于现货交易一般是零散分布的，生产经营者不易及时收集到所需要的价格信息，即使收集到现货市场反馈的信息，这些信息也是零散的和片面的，准确和真实程度较难把握，对未来供求关系变动的预测能力也难以令人信任。当企业用现货市场价格指导经营决策时，现货价格的滞后性往往会造成决策的失误。

自 20 世纪大规模期货品种、交易市场出现以来，价格发现功能逐渐成为期货市场的重要功能。所谓价格发现功能，是指在一个公开、公平、高效、竞争的期货市场中，通过参与者们对期货交易形成的期货价格具有真实性、预期性、连续性和权威性的特点，能够比较真实地反映出未来商品价格变动的趋势。

期货市场具有价格发现功能，主要是因为期货价格的形成过程中有以下特点：

第一，期货交易的透明度高，不容易受到控制。期货市场遵循公开、公平、公正的"三公"原则。交易指令在高度组织化的期货交易所内撮合成交，所有期货合约的买卖都必须在期货交易所内自由报价，公开竞争，避免了一对一的现货交易中容易产生的欺诈和垄断。

第二，供求集中，市场流动性强。期货交易的参与者众多，如商品生产商、销售商、加工商、进出口商以及数量众多的投机者等。这些套期保值者和投机者通过经纪人聚集在一起竞争，期货合约的市场流动性大大增强，从而克服了现货交易缺乏市场流动性的局限，有助于形成公允价格。

第三，信息质量高且多维度。期货价格的形成过程是收集信息、输入信息、产生价格的连续过程，参与者的信息质量决定了期货价格的真实性。期货交易参与者大都熟悉某种商品行情，有丰富的经营知识和广泛的信息渠道以及一套科学的分析、预测方法，他们把各自的信息、经验和方法带到市场上来，结合自己的生产成本、预期利润，对商品供需和价格走势进行判断、分析、预测，报出自己的理想价格。这样形成的期货价格实际上反映了大多数人的预测，具有权威性，能够比较真实地代表供求变动趋势。

【多说一句】

期货参与者众多，而且包含了现货产业链各个环节的人员。这意味着最终形成的期货价格是全方面综合的反映、是大多数人共同的预测、是理性有效的价格，对企业的生产经营有较强的指引作用。

在期货市场上，不论是什么角色，如做市商、私募交易员、基金经理人、一般投资人都必须能够使用基本面与市场面的各类工具，并进行综合思考与做出正确决策。这个决策的品质判断标准就是损益情况如何？期货交易手法、市场流动性、波动率变化、各类信息解读等技术，都是构建交易品质的必要能力。

由于期货价格的形成具有上述特点，因此期货价格能比较准确、全面地反映真实的供给和需求情况及其变化趋势，对生产经营者有较强的指导作用。

期货市场是全国性的统一市场，它将全国各地的生产经营者、中间贸易商、市场消费者集中了起来，他们分别通过自己对未来价格的分析判断，之后在期货市场上进行公开报价，最后通过期货市场中公平的竞争，形成一个统一的、随着市场情况变化而不断调整的期货价格。

【举个例子】

人们每日穿着的衣服中，棉花原料是一个重要的成分，其期货价格的形成，就是直接影响服装价格的重要因素。

首先，在期货市场上，从棉花种植到棉花加工成棉纱、棉布等，再到加工成纺织用品、衣物等各个环节的生产经营者都会参与进来，他们通过对棉花的产量、进出口、加工运输成本、市场终端消费情况进行调研分析而得出自己对棉花未来预期的价格。

其次，他们会在期货市场上报出自己的理想价格，每次报价都会在期货交易所里公开报出，并在期货交易所内自由竞争。所有参与者都集中在一起报价，流动性强，最终通过市场竞争形成统一的期货价格。此价格能够实际反映大多数人的预测，能够真实反映市场的供求关系。

最后，期货合约到期前，期货价格具有连续性，参与者可以不断调整自己的预期价格，之后通过期货交易所重新报价。在期货合约频繁的转手买卖过程中，期货价格将会连续不断变动，及时反映当前的供需关系。由此形成的连续且不断变化的期货价格，具有权威性和真实性，对生产经营者有较强的指导作用，对他们调整生产经营策略有着至关重要的意义。

第三节　风险规避功能

在各类经济活动中，最让生产经营者头痛的问题便是如何有效做好对各种风险的控制，尤其是生产原料、资金流以及资产跌价等风险。期货市场便是控制这些风险的最佳工具。

一、风险规避的实现过程

期货市场规避风险的功能是通过套期保值来实现的。套期保值是指在期货市场买进或卖出与现货数量相同但方向相反的期货合约，在未来某个时间通过卖出或买进期货合约进行对冲平仓，从而在期货市场和现货市场之间建立一个盈亏冲抵机制，最终实现期货市场和现货市场盈亏大致对冲的效果。

二、套期保值的避险原理

对于同一个商品来说，当现货市场和期货市场同时存在的情况下，那么其在同一时间内受到经济影响和制约的效果是相同的。在一般情况下，商品在这两个市场上的价格变动趋于一致。套期保值就是利用这种市场间的关系，在期货市场上采取与现货市场上交易方向相反的交易，在两个市场中建立盈亏相抵机制，最终使得价格无论如何波动，都可以取得在一个市场亏损而在另一个市场盈利的平衡结果。

前已述及，期货规避现货价格风险是通过套期保值行为来实现的，而套期保值的基本方式有两种，即买入套期保值和卖出套期保值。两者是以套期保值者在期货市场上买卖方向来区分的。

（一）买入套期保值

买入套期保值是指投资者先在期货市场买入期货，以便将来在现货市场买进现货时，不会因为价格上涨而给自己造成经济损失的一种套期保值方式。

这种用期货市场的盈利对冲现货市场的亏损的做法，可以将远期价格固定在预计水平上。买入套期保值是需要现货而又担心价格上涨的这类型投资者最常用的保值方法。

【举个例子】

需要使用玉米的饲料生产型企业对玉米期货就有买入套期保值的需求。

4月，某饲料加工企业计划在3个月后采购500吨玉米作为生产原材料。当前玉米现货价为3 000元/吨。为锁定成本，规避价格上涨的风险，该厂在当日买进7月交割的玉米期货合约50手（10吨/手），成交价格是2 900元/吨。到7月时，现货价格上涨到3 400元/吨，期货价格上涨至3 300元/吨。此时，该企业卖出已持有的50手期货合约。

期货盈利=[（3 300-2 900）×500]=200 000（元）

现货亏损=[（3 400-3 000）×500]=200 000（元）

该厂在期货市场赚得200 000元，同时该厂在现货市场买进500吨现货玉米作为原材料。期现货市场最终盈亏相抵，该企业通过买入套期保值操作，成功规避了玉米价格波动风险。

【多说一句】

买入套期保值操作适用于在未来有买入现货计划，但又担心现货价格上涨的生产经营者。通过买入套期保值，生产经营企业可以锁定原材料的成本价格，从而实现稳定生产经营利润的目的。这也可以理解为在期货市场上建立虚拟库存，提高资金使用率和减少现货囤货的资金成本。

从企业主的角度来说，钢铁厂老板要知道的是螺纹钢期货，种苹果的农户要知道的是苹果期货，种黄豆的农户要知道的是黄豆期货等。这些都是套期保值的标的。

（二）卖出套期保值

卖出套期保值是指投资者先在期货市场上卖出期货，当现货价格下跌时，以期货市场的盈利来弥补现货市场的损失，从而达到保值功能的一种套期保值方式。卖出保值主要适用于拥有商品的生产商或贸易商，他们担心商品价格下跌使自己遭受损失。

生产玉米的农户最担心的是生产收割后的农产品价格出现大幅度的下跌，导致全年的辛苦付之东流。

【举个例子】

7月，东北某玉米生产企业计划在10月卖出当季收获的玉米2 000吨，当前的玉米货价格为3 400元/吨。由于担心玉米价格大幅下跌造成损失，该企业卖出了10月交割的玉米期货200手（10吨/手），成交价格是每吨3 300元/吨。到10月时，现货价格下跌至2 600元/吨，期货价格下跌至2 500元/吨，该企业在现货市场卖出2 000吨玉米，期货市场上平仓200手期货合约。

现货亏损＝[（34 000－2 600）×2 000]＝1 600 000（元）

期货盈利＝[（33 000－2 500）×2 000]＝1 600 000（元）

该基地通过期货市场的盈利抵消了现货市场的亏损，通过卖出套期保值操作，使得该企业在这次玉米价格下跌过程中未产出损失，成功实现了风险规避。

【多说一句】

卖出套期保值操作适用于在未来一段时间有卖出现货的计划，但又担心现货价格下跌的现货生产企业、现货较多的贸易商等。其通过卖出套期保值，可以锁定当前现货的利润空间，规避后期价格波动带来的价格风险。

在卖出套期保值过程中，最重要的是逐渐建仓，也就是要比买方的套期保值更有耐心地去操作，过于着急反而会欲速则不达，通常也做不好避险操作。

我们可以发现，套期保值交易之所以能有助于回避价格风险、达到保值的目的，是因为期货市场上存在与经济活动具有同步变动的天然规律性，加上同种商品的期货价格走势与现货价格走势基本一致才能形成的结果。期货市场的交割制度、保证金交易、期货市场流动性以及到期日期货价格现货价格合而为一等机制，都是让避险交易市场不断成长的重要制度。

正是上述原理的作用，使得套期保值能够起到为商品生产经营者最大限度地降低价格风险的作用，保障生产经营活动的稳定进行。

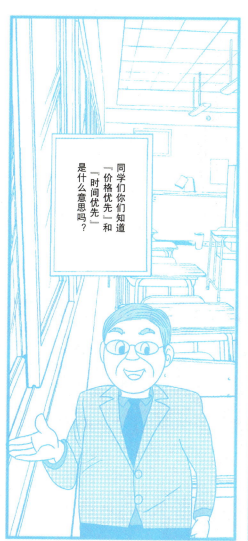

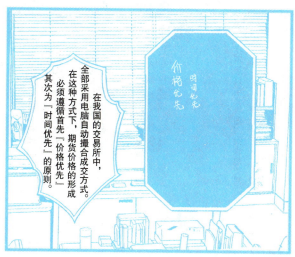

K线图就是由一根根K棒组成的，每根K棒都反映出当天该期货价格的情况。

我不想只学会看图，我也想交易。

交易也不是那么简单的，期货交易过程分为建仓、持仓、平仓、交割四个部分。

我还以为只用买和卖就可以了。

建仓也叫开仓，是指交易者新买入或新卖出一定数量的期货合约。买回已卖出合约，或卖出已买入合约的行为就叫平仓。

建仓之后尚没有平仓的合约，叫未平仓合约或者未平仓头寸，也叫持仓。最后可以通过平仓或者到期交割来结束持仓。

这里面学问还多着呢，期货交易有许多重要制度，如保证金制度、双向"T+0交易、到期交割等。

第三章　期货入门，你需要了解这些

本章引言

在学习完期货及其功能的相关知识后，读者对期货市场有了一定的认识。任何市场都有其自身的特点及制度，只有在了解了期货功能特点与制度后，才能更好地规避在投资过程中产生的各种风险，从而更好地发挥期货的作用。多数人在最初接触期货时，一般听说的都是期货的高杠杆性，可以放大收益，并且涨跌都可以赚钱，但对于这些机制的形成原理却并不清楚。在不了解期货特点和基本制度的情况下，真能有效发挥出期货市场的功能吗？

本章将介绍期货市场的交易流程及特点，包括最基础的期货价格的形成、期货市场多空概念、仓位的形成以及期货和股票市场的区别、期货的各种特点、期货市场的交易制度等。通过本章的学习，我们可以更好地在交易所规定的交易制度内，合理地利用期货的自身特点发挥其最大的功效。

第一节　期货价格的形成

期货价格是指在期货市场上通过公开竞价方式形成的期货标的价格。期货市场的公开竞价主要包括电脑自动撮合成交和公开喊价两种方式。

我国的交易所全部采用电脑自动撮合成交方式。在这种方式下，期货价格的形成必须首先遵循价格优先，其次遵循时间优先的原则。

所谓价格优先原则，是指交易指令在进入交易所主机后，最优价格最先成交，即最高的买价与最低的卖价报单首先成交。所谓时间优先原则，是指在价格一致的情况下，先进入交易系统的交易指令先成交。交易所主机按上面两个原则对进入主机的指令进行自动配对，找出买卖双方都可接受的价格，最后达成交易，反馈给成交的会员。

在市场上买卖商品，买方总是希望以更便宜的价格买入，而卖方则想要以更高的价格卖出。例如，市场上 C 想卖出一斤苹果，而 A 和 B 都想购买一斤苹果，A 和 B 同时竞价，A 报价 5 元/斤，B 报价 6 元/斤，最终 C 将苹果卖给了出价更高的 B，成交价格为 6 元/斤，这就是价格优先原则。

市场上买卖商品，在买方出价相同的情况下，遵循"先到先得"的原则。例如，市场上 A 和 B 都想买一斤苹果，C 想卖一斤苹果，A 和 B 的报价均为 5 元一斤，但 A 比 B 先进入市场报价，最后 A 成功买到苹果，这就是时间优先原则。

【举个例子】

我们用大连商品交易所玉米期货的实例来进一步说明期货价格形成的过程。表 3-1 是 2022 年 3 月 1 日大连商品交易所玉米期货的买卖双方报价以及入市时间。

根据价格优先原则，买方的最优报价为 B 和 C 的 2 875 元/吨，卖方的最优报价为 a 的 2 875 元/吨；根据时间优先的原则，在买方报价中，B 的入市时间最早，因此 B 先与 a 撮合先成交 100 手，形成玉米期货成交价 2 875 元/吨，之后才是 C 的 50 手与 a 剩下的 50 手以 2 875 元/吨的价格撮合，成交量为 50 手。

表 3-1　2022 年 3 月 1 日大连商品交易所玉米期货的买卖双方报价以及入市时间

时间	买方报价/元	数量/手	卖方报价/元	数量	撮合成交
9:05	A. 2 870	100	0	0	无成交
9:08	A. 2 870	100	a. 2 875	150	无成交
9:10	A. 2 870	100	a. 2 875	150	成交 100 手
	B. 2 875	100			期货价格 2 875 元
9:12	A. 2 870	100	a. 2 875	50	无成交
			b. 2 880	50	

表3-1（续）

时间	买方报价/元	数量/手	卖方报价/元	数量	撮合成交
9：15	A. 2 870	100	a. 2 875	50	成交 50 手
	C. 2 875	50	b. 2 880	50	期货价格 2 875 元
9：16	A. 2 870	100	b. 2 880	50	无成交
			c. 2 885	50	

期货价格中有开盘价、收盘价、最高价、最低价、结算价等概念。在我国交易所中，开盘价是指交易开始后的第一个成交价，收盘价是指交易收市时的最后一个成交，最高价和最低价分别是指当日交易中最高的成交价和最低的成交价，结算价是全日某时段或整个时段的交易加权平均价。

【多说一句】

期货价格形成后，投资者最常使用的是 K 线图，或者称为蜡烛图，用以解读市场趋势变化。以下简单介绍一下 K 线图当中的"K 棒"（见图 3-1）。

阳线：交易时段内，收盘价高于开盘价。

阴线：交易时段内，开盘价高于收盘价。

跳空：即缺口，价格在波动中没有交易的区域。

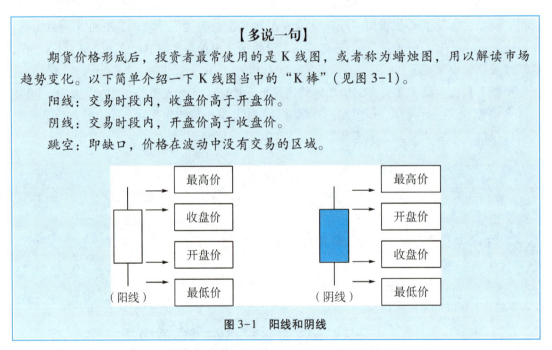

图 3-1　阳线和阴线

第二节　建仓、持仓和平仓

期货交易的全过程包括建仓、持仓、平仓以及交割四个环节。

建仓也叫开仓，是指投资者新买入或新卖出一定数量的期货合约。在期货市场上，买入或卖出一份期货合约相当于签署了一份远期交割合同。如果投资者将这份期货合约保留到最后交易日结束，他就必须通过实物交割或现金清算来了结这笔期货交易。然而，进行实物交割的是少数，大部分投资者和套期保值者一般都在最后交易日结束之前择机将买入的期货合约卖出，或者将卖出的期货合约买回。他们通过一笔数量相等、方向相反的期货交易来冲销原有的期货合约，以此了结期货交易，解除到期进行实物交割的义务。这种买回已卖出合约，或者卖出已买入合约的行为就叫平仓。建仓之后尚没有平仓的合约，叫未平仓合约或未平仓头寸，又叫持仓。投资者建仓之后可以选择两种方式了结期货合约：要么择机平仓，要么保留至最后交易日并进行交割。

【举个例子】

例如，客户 A 在期货公司开立账户后，经过分析，判断铜的期货价格在未来一个月将上涨，于是以 60 000 元/吨的价格买入一手期货合约，此过程称为建仓。过后一个月时间里，铜价上涨至 63 000 元/吨，客户 A 一直持有买入的一手期货合约，此过程称为持仓。过后一个星期的时间里，铜价继续上涨至 64 000 元/吨，客户 A 认为铜价不会继续上涨了，以 64 000 元/吨的价格卖出了账户持有的一手期货铜合约，盈利 20 000 元（64 000-60 000×5，1 手 =5 吨），此过程称为平仓。在铜价涨至 64 000 元/吨后，客户 A 没有选择平仓，可以选择持有合约到期，之后通过交易所换取 5 吨实物铜，此过程称为交割。

【多说一句】

什么时候建仓？持仓多久？什么时候平仓？是否选择交割？这些问题是投资者在实际的期货交易中最为关键的问题。什么时候建仓，表示你的成本如何；持仓时间多长、持仓空间多大，表示你的利润空间如何；什么时候平仓，意味着你的预期利润是否实现；是否交割则是从套利和现货的角度综合考虑。这是成体系的构架，需要投资者根据自己的投资风格去构建。

第三节 多头仓位与空头仓位的形成

投资者买入期货合约后所持有的头寸叫多头头寸，简称多头；卖出期货合约后所持有的头寸叫空头头寸，简称空头。这种划分是从仓位建立状态来看的。从心理层面看，投资者认为期货合约价格会涨，所以会买进；相反，持有空头的投资者认为期货合约价格以后会下跌，所以才卖出。

例如，某投资者在某日开仓买进沪深 300 股指期货 10 手（张），成交价为 3 000 点，这时，他就持有 10 手多头仓位。一段时间后，该投资者见期货价格上涨，并在 3 150 点价格位置，平仓卖出 6 手合约，该投资者实际持仓剩下 4 手多头仓位。在下单技巧上，投资者在下达买卖指令时，一定要注明是开仓还是平仓。如果之前该投资者在下单时报的是卖出开仓 6 手期货合约，成交后，该投资者实际持仓量就不是 4 手多头仓位，而是 10 手多头持仓和 6 手空头持仓了。这是下单规则所致，也是投资者容易疏忽之处。

无论是多头还是空头，投资者可以分为套期保值者、套利者和投机者三类，其中又以投机者对市场流动性的贡献最大，也是必须存在的角色。对于投机者而言，多头和空头的产生，源于对当前市场方向判断上的意见分歧，而且分歧越大越不容易形成趋势。也就是说，扩大的分歧容易形成震荡格局，这也是多头与空头的重要界线。

预期价格会持续下跌的投资者，必然开仓卖出期货合约，期望赚取先高抛后低吸的价差收益；反之，预期价格持续上涨的投资者则会开仓买入期货合约，期望赚取先低吸后高抛的价差收益。开仓卖出和开仓买入分别构成了期货交易的空头和多头。所谓趋势形成，也就是这一波投资者越来越多地形成了价格发现。

套利者主要利用期货价格高估（溢价）或低估（折价）状态来进行对冲套利操作，针对高估的期货合约进行卖出开仓，成为空头；针对低估的合约进行买入开仓，成为多头。对于套期保值者而言，其根据现货头寸持有量状况，进行期货合约的买卖，从而实现对现货价格风险的对冲。

以金融期货为例，某股票价值型策略的公募基金经理判断未来股价大概率会持续下跌，但碍于相关规定，必须持有较高的总仓量，因此为规避持股标的股票大幅下跌风险，其会在金融期货市场开仓而卖出股指期货，成为股指期货的空头。又如，某私募投资公司鉴于资金原因，不能在早期建立股票仓位，也可以通过买入股指期货去规避股价大幅上涨、来不及建仓的上涨风险，此时该投资公司基金经理就是标准的股指期货的多头。

需要特别指出的是，期货与股票不同，期货市场上的总持仓量并没有数量上的限制，多空双方持仓量可以无限扩容、无限买进与卖出。但是，无论如何扩容，全市场的多头、空头数量永远都是方向相反、数量相等的平衡状态。

从整体上看，期货市场不会形成额外裸露的空头，也没有额外的多头，全市场的净头寸始终是零，不会对金融市场产生下跌的压力，当然也不会产生上涨的推力。因此，我们可以进一步理解，期货市场的多头与空头是一对既矛盾又统一的双生体，共同维系着整个期货市场的有序运行。在期货市场上，我们极其重视市场资金的流向，到底当下资金是在推动多头上涨，还是推动空头力量把价格往下降趋势方向移动？双方在相互制约、相互均衡中共同增长，同时也表明当资金流出时，多头和空头力量的共同衰减、离场，消失的流动性对期货市场，甚至是对国家经济发展，有不可预期的负面影响。因此，推动期货市场良好稳定发展，就是为国家经济发展的质量做了一定程度上的保驾护航。

【多说一句】

期货价格的变动与多头、空头头寸息息相关。期货里的多空头寸在数量上永远是相等的，那它们是怎么推动价格大范围上涨和下跌的呢？就像两个大人和10个小孩举行拔河比赛，假设理论上他们的力量是相同的，但10个小孩的力量相对分散，很难集中起来，两个大人却比较容易达成统一意见，力量相对集中，最终赢得拔河比赛。期货价格的上涨和下跌也是同样的道理。

每天期货交易时间结束后，我们可以通过交易所网站查看多空头寸的集中程度，然后对期货价格做出相应的分析判断，这可以作为我们分析判断价格变动的依据之一。

第四节 期货交易的特点

期货交易可以给生产经营者提供交易货物的场所，商品期货合约到期的时候会进行现货交割，同时还给生产经营者提供风险规避机会。为了最大限度地发挥风险规避作用，期货交易采用保证金交易，让企业有更充分的套期保值机会。因为保证金交易是杠杆交易，价格波动带来的风险较大，所以交易所采用的是 T+0 双向交易模式，以便在交易时间内可以根据价格变化随时调节仓位风险。

例如，客户 A 今天在期货市场上建立螺纹钢头寸，某个大型钢铁厂因为地震而导致停产，对整个现货市场供应量将产生较大的影响，螺纹钢价格产生了较大幅度的波动。客户 A 可以随时平仓，在期货市场上对自己不利的头寸，甚至可以及时反向操作，从而减少自己的操作损失，及时规避价格波动带来的风险。T+0 双向交易很好地给客户 A 提供了这样的风险规避机会，进而也给企业主提供风险控制机会。

一、合约标准化

期货合约是期货交易的买卖对象或标的物，是由期货交易所统一制定的、规定某一特定的时间和地点交割一定数量和质量商品的标准化合约。这种标准化是指进行期货交易商品的品级、数量、质量等都是预先规定好的，只有价格是变动的（见表 3-2）。这是期货交易区别于现货远期交易的一个重要特征。期货合约标准化大大简化了交易手续，降低了交易成本，最大限度地减少了交易双方因对合约条款理解不同而产生的争议与纠纷。我们持续地提醒投资者要用心注意这样的规定，以免造成不必要的损失。

表 3-2　合约标准化

交易品种	××
交易单位	×吨/手
报价单位	×元/吨
最小变动价位	×元（人民币）/吨
每日价格波动限制	上一个交易日结算价±×%
最低交易保证金	合约价值的×%
合约交割月份	××月
交易时间	每周一至周五（北京时间，法定节假日除外） 上午 9:00~11:30　下午 1:30~3:00
最后交易日	合约交割月份的第×个交易日（遇法定假日顺延）
最后交割日	合约交割月份的第×个交易日（遇法定假日顺延）
交割品级	符合《××交易所期货交易细则》规则要求

表3-2(续)

交割地点	交易所指定交割仓库
交割方式	实物交割
交易所代码	××
上市交易所	××交易所

【多说一句】

　　合约标准化是必须的，以苹果期货为例，苹果有大有小，有青苹果、红苹果，种类繁多，价格不一。期货交易是集中竞价交易，如果合约没有标准化，苹果期货的交易将会产生大量的纠纷与矛盾。合约标准化后，期货市场里的所有投资者都针对同一规格的标的物进行竞价，现货贸易中其他规格的品种则根据与标准化的品种之间的关系做相应的价格调整。

　　说一个我们在金融期货避险中的例子，我们曾经在计算避险比例不对称的情况下，导致过少避险，虽然达到对冲风险的目的，但就最后的操作绩效结论来说，却是不能令人满意的。使用指数期货进行避险时，因为组合内标的 beta 值误算（计算周期不佳），导致避险效果降低。类似这种经验很多，也是读者在学习避险操作时要多加注意之处。2022 年 7 月，中国金融期货交易所（简称"中金所"）推出中证 1 000 指数期货与期权品种，提供了更多股票市场参与者进行对冲的机会，期待投资者多加利用。

二、场内集中竞价交易

　　期货实行场内交易，所有买卖指令必须在交易所内进行集中竞价成交。期货交易所是买卖双方汇聚并进行期货交易的场所、是一个非营利组织，旨在提供期货交易场所与交易设施，制定交易规则，充当交易的组织者，自身并不介入期货交易活动，也不干预期货价格的形成。这种高度中立的立场，赢得了期货买卖双方的信任，进而能持续维持市场秩序。

　　目前，中国拥有五家期货交易所，分别是上海期货交易所（含上海国际能源交易中心）、大连商品交易所、郑州商品交易所、中国金融期货交易所以及广州期货交易所。投资者可以充分信任期货交易所，期货交易所具有权威性，可以保证投资者公平公正交易。

三、保证金交易

　　进行期货交易时，投资者不需要支付该品种市值的全部资金，只需要支付一定比例的资金作为履约担保，就可以进行期货交易了。这个比例在通常情况下为 5%～20%，而这一定比例的资金就称为期货保证金。

　　保证金交易就是平常所说的杠杆交易，投资者可以放大资金倍数进行交易。所谓盈亏同源，保证金交易提高收益的同时也增大了风险。

【多说一句】

保证金交易是期货交易的一个重要特点。对于为了规避风险的现货企业来说，保证金可以提高企业的资金利用率，使企业通过有限的资金在期货市场上实现风险规避；对于普通投资者来说，保证金相当于杠杆交易，使投资者提高了收益的同时也增大了风险。

四、双向 T+0 交易

期货投资者根据预期交易目的，可以买入建仓，也可以卖出建仓。投资者既可以先买入一张期货合约，在合约到期之前卖出平仓（或交割接收货物）；也可以先卖出一张合约，在合约到期前买入平仓（或向买方交出实物进行交割）。因此，期货市场采取的是 T+0 的交易模式，投资者当天开仓，当天就可以平仓，其灵活性是吸引多数人进行期货交易的重要特征。

双向 T+0 交易是期货交易最为灵活的体现。和股票市场做个对比就可以清楚了解，股票只能当天买第二天卖，并且只能做多，期货则可以当天买当天卖，无次数的限制，并且做多卖空都可以。

【多说一句】

生产经营企业在通过期货市场进行风险规避时，有买入套期保值和卖出套期保值两个方向，期货市场双向交易的特点满足了生产经营企业上下游都能进行套期保值的需求。因为保证金交易的原因，价格波动风险变大，T+0 交易的特点使得投资者能够及时进行风险控制。

五、到期交割

期货合约是有到期日的，合约到期时，若投资者需要进行交割，就必须依据合约规范进行所有的操作。商品期货的到期交割需要卖方将商品实物运送到交易所指定的交割仓库，之后由买方提走。

到期交割是期货（现货）远期合同的体现。合同到期就得兑现，期货到期交割就是期货合约到了约定一手交钱一手交货的期限，双方履行合同的行为。

【多说一句】

期货合约是有期限的，合约到期需要进行交割，投资者并不能无限期持有。合约到期时，投资者要么在期货市场上平仓了结、要么通过期货交易所进行实物交割。

第五节　期货交易的主要制度

一个市场的制度的建立极为不易，因为除了参考其他市场的规章制度外，我们国家的市场特性也必须加以参考。在过去的较长时间，期货市场的许许多多的经验，对我国经济发展发挥了相当有效的辅助、推进作用。

一、保证金制度

在期货交易中，期货的买方和卖方必须按照其所买卖期货合约价值的一定比例缴纳资金，用于结算和履约保证。交易所根据合约特点设定最低保证金比例，并根据市场风险状况随时调节保证金比例。保证金比例的收取是分级进行的，一般而言，交易所只向其会员收取保证金，我们称之为会员保证金。作为会员的期货公司则向客户收取保证金，我们称之为客户保证金。分级进行保证金管理，对期货市场的风险层次分担与管理有着重要意义。对于投资者而言，保证金比例与其面临的收益风险是相对应的，这也是期货杠杆的本源。

保证金制度是期货交易中一项非常重要的制度，相当于自己的资金放大了最高可达20倍的杠杆，投资者必须充分认识杠杆的作用和自身可承受的风险才能合理利用好保证金制度的杠杆原理。

【多说一句】

注意！

保证金制度能给我们带来更多收益的同时也使我们面临更大的风险。

例如，当前期货铜的保证金要求是10%，也就是自己的资金可以放大10倍，此时我们把所有资金全部建仓多单，当期货铜的期货价格上涨10%的时候，我们账户将获得100%的收益。这是我们最希望看到的，也常常是我们只看到的。更值得我们注意的是，如果铜期货价格下跌10%，我们将损失账户的全部本金，而这是很多人不能承受的风险。

再次强调，我们看到保证金制度带来收益的同时必须充分认识到保证金制度带来的风险，根据自己的风险承受能力，合理利用杠杆。

二、涨跌停板制度

涨跌停板制度指期货合约在一个交易日中的成交价格不能高于或低于以该合约上一交易日结算价为基准的某一涨跌幅度，超过该范围的报价将视为无效，不能成交。在涨跌停板制度下，前一交易日结算价加上允许的最大涨幅构成当日价格上涨的上限，称为涨停板；前一交易日结算价减去允许的最大跌幅构成当日价格下跌的下限，称为跌停板。因此，涨跌停板又叫每日价格最大波动幅度限制。

涨跌停板制度与保证金制度相结合，对保障期货市场的运行、稳定期货市场的秩序以及发挥期货市场的功能具有十分重要的作用。涨跌停板制度为交易所、会员单位以及客户的日常风险控制创造了必要的条件。涨跌停板制度锁定客户及会员单位每一交易日可能新增的最大浮动盈亏和平仓盈亏，这就为交易所及会员单位设置初始保证金水平和维持保证金水平提供了客观准确的依据，从而使期货交易的保证金制度得以有效实施。在一般情况下，期货交易所向会员收取的保证金要大于在涨跌幅度内可能发生的亏损金额，从而保证当日在期货价格达到涨跌停板时也不会出现透支情况。

涨跌停板制度的实施可以有效地减缓和抑制突发事件、过度投机行为对期货价格的冲击，给市场一定的时间来充分化解这些因素对市场造成的影响，防止价格的狂涨暴跌，维护正常的市场秩序。涨跌停板制度使期货价格在更为理性的轨道上运行，从而使期货市场更好地发挥价格发现的功能。市场供求关系与价格间的相互作用应该是一个渐进的过程，但期货价格对市场信号和消息的反应有时却过于灵敏。实施涨跌停板制度可以延缓期货价格波幅的实现时间，从而更好地发挥期货市场的价格发现功能。在出现过度投机和操纵市场等异常现象时，调整涨跌停板幅度往往成为交易所控制风险的一个重要手段。例如，当交割月出现连续无成交量而价格跌停板的单边市场行情时，适度缩小跌停板幅度可以减慢价格下跌的速度和减小价格下跌的幅度，把交易所、会员单位以及投资者的损失控制在相对较小的范围之内。

【多说一句】

我国期货市场还处于不断发展完善的阶段，投资者成熟程度有限，容易出现非理性的投资交易行为。涨跌停板制度更好地保护了广大期货投资者，同时也保证了期货市场的稳健发展。

我国期货市场参与者目前在交易策略的应用方面还相对单一，不是做多就是做空，单边思维相当普遍，但从提高获利性与降低风险性的角度来说，单边交易策略是最差的操作模式，多维度的交易策略才是一般投资人、交易员、投资经理该学习和思考的。

三、持仓限额制度

持仓限额制度是期货交易所为了防止市场风险过度集中于少数投资者和防范操纵市场行为，对会员和客户的持仓数量进行限制的制度。为了使合约期满日的实物交割数量不至于过多而引发大面积交割违约风险，在一般情况下，距离交割期越近的合约月份，会员和客户的持仓限量越小。

根据不同的目的，限仓又分为以下几种：

第一，根据保证金的数量规定持仓限量。持仓限量制度最原始的含义就是根据会员承担风险的能力规定会员的交易规模。在期货交易中，交易所通常会根据会员和客户投入的保证金数量，按照一定比例给出持仓限量。这一限量就是该会员在交易中持仓的最高水平。例如，某些期货交易所实行浮动基础保证金制度，根据会员缴纳结算准备金的数量，确定会员最大持仓量。如果会员要超过这个最大持仓量，则必须按比例调整其结算准备金。

第二，对会员的持仓量限制。为了防止市场风险过度集中于少数会员，我国期货交易所一般规定，一个会员对某种合约的单边持仓量不得超过交易所此种合约持仓总量（单边计算）的15%，否则交易所将对会员的超量持仓部分进行强制平仓。此外，期货交易所还按合约离交割月份的远近，对会员规定了持仓限额大小。距离交割期越近的合约，会员的持仓限量越小。例如，大连商品交易所大豆期货合约，一般合约月份净持仓限量为7 000手，从交割月份前一个月的第一个交易日起净持仓限量为1 200手，从交割月份前一个月的第十个交易日起净持仓限量为800手，交割月份净持仓限量为200手。

第三，对客户的持仓量限制。为了防止大户过量持仓、操纵市场，大部分交易所对会员单位代理的客户实行编码管理，每个客户只能使用一个交易编码。交易所对每个客户编码下的持仓总量也有限制。例如，大连商品交易所大豆期货合约，一般合约月份每个客户编码的净持仓量（多头持仓量与空头持仓量之差）不得超过2 000手，从交割月份前一个月的第一个交易日起净持仓量为600手，从交割月份前一个月的第十个交易日起净持仓量为400手，交割月份净持仓量为200手。在执行持仓限量制度的过程中，某一会员或客户在多个席位上同时有持仓的，其持仓量必须合并计算。

【多说一句】

鉴于我国期货市场的实际情况，交易所采取了持仓限额制度。该制度使得期货交易中头寸不会过分集中在少数人手里，很大程度上限制了市场价格的操纵行为，也规避了大面积交割违约情况的发生，让小资金投资者和大资金投资者能够相对比较公平地进行期货交易。

满仓交易是一种交易方式，但在我们的经验中，这却是赔钱的明显标志。我们发现，把仓位管理做好的参与者大多能长期生存于期货市场之中。那些短视的参与者，总是采用"一波离开一波又来"的模式。

四、大户报告制度

大户报告制度是与持仓限额制度紧密相关的控制交易风险、防止大户操纵市场行为的制度。在期货交易所建立持仓限额制度后，当会员或客户投机头寸达到了交易所规定的数量时，其必须向交易所申报。申报的内容包括客户的开户情况、交易情况、资金来源以及交易动机等，便于交易所审查大户是否有过度投机和操纵市场行为以及大户的交易风险情况。例如，上海商品交易所的大户申报制度规定，当投资者的持仓量达到交易所持仓限额规定的80%时，会员或客户应当向交易所申报其交易头寸和资金等情况。对有操纵市场嫌疑的会员或客户，交易所必须随时限制其建立新的头寸或者要求其平仓，直至由交易所实行强制平仓。

大户报告制度与持仓限额制度相辅相成，都是为了防控市场操纵风险。

五、每日无负债结算制度

期货交易一方的盈利必然来源于另一方的亏损，但盈亏结算并不直接在交易双方之间进行，而是由交易所通过在双方保证金账户划转盈亏来实现。当亏损方在交易所保证金账户中的资金不能承担其亏损（在扣除亏损后保证金余额出现负数）时，交易所作为成交合约的担保者，必须代为承担这部分亏损，以保证盈利者能及时得到全部盈利。这样亏损方便向交易所拖欠了债务。为防止这种负债现象的发生，逐日盯市、每日无负债结算制度（以下简称"逐日盯市制度"）便应运而生了。

逐日盯市制度是指交易所结算部门在每日闭市后计算、检查保证金账户余额，通过适时发出追加保证金通知，使保证金余额维持在一定水平之上，防止负债现象发生的结算制度。其具体执行过程如下：在每一交易日结束之后，交易所结算部门根据全日成交情况计算出当日结算价，据此计算每个会员持仓的浮动盈亏，调整会员保证金账户的可动用余额。若调整后的保证金余额小于维持保证金，交易所便发出通知，要求会员在下一交易日开市之前追加保证金。若会员单位不能按时追加保证金，交易所将有权强行平仓。

逐日盯市制度对控制期货市场风险、维护期货市场正常运行具有重要作用。逐日盯市制度对所有账户的交易及头寸按不同品种、不同月份的合约分别进行结算，保证每一交易账户的盈亏都能得到及时的、具体的、真实的反映，为及时调整账户资金、控制风险提供依据。

逐日盯市制度规定以一个交易日为最长的结算周期，在一个交易日中要求所有交易盈亏都得到及时结算，保证会员保证金账户上的负债现象不超过一天，因而能够将市场风险控制在交易全过程中一个相对最小的时间单位之内。

> **【多说一句】**
>
> 从保证金制度和涨跌停板制度的结合可以看出，投资者当天最大风险是亏损所有本金，当日无负债结算可以及时进行盈利和亏损的清算，保证金不足的投资者则可以及时补充保证金或平仓。可以想象，如果采用的不是当日而是两日甚至多日结算，那交易中的负债纠纷将会频繁出现，不利于期货市场的健康平稳发展。

第六节 什么是期货结算

期货结算是指期货结算机构根据交易所公布的结算价格，对客户持有头寸盈亏状况进行资金清算的过程。期货结算的组织形式有两种：一种是独立于期货交易所的结算公司，如伦敦结算所同时为伦敦的三家期货交易所进行期货结算；另一种是交易所内设的结算部门，如日本、美国等国期货交易所都设有自己的结算部门（以下统称"结算机构"）。我国目前采用的是交易所内设结算机构的形式。独立的结算所与交易所内设结算机构的区别主要体现在结算所在履约担保、控制和承担结算风险方面，独立于交易所之外，而交易所内部结算机构则全部集中在交易所。独立的结算所一般由银行等金融机构以及交易所共同参股，相对于由交易所独自承担风险，其风险比较分散。

期货交易的结算大体上可以分为两个层次：一个层次是交易所对会员进行结算，另一个层次是会员公司对其代理的客户进行结算。由于期货交易是一种保证金交易，具有以小博大的特点，风险较小。从某种意义上讲，期货结算是风险控制的最重要手段之一。交易所在银行开设统一的结算资金账户，会员在交易所结算机构开设结算账户，会员在交易所的交易由交易所结算机构统一进行结算。

期货结算机构对所有期货市场上的投资者起第三方的作用，即对每一个卖方会员而言，结算机构是买方；对每一个买方会员而言，结算机构是卖方。结算机构通过对每一笔交易收取交易保证金，作为代客户履约的资金保证，在制度上保证了结算机构作为期货交易最终履约担保人的地位。由于期货合约的买卖双方不必考虑交易对手的信用程度，因此期货交易的速度和可靠性得到大大提高。

期货结算业务最核心的内容是逐日盯市制度，即每日无负债结算制度。

一、计算浮动盈亏

浮动盈亏就是结算机构根据当日交易的结算价，计算出投资者未平仓合约的浮动盈亏，确定未平仓合约应付保证金数额。

浮动盈亏计算方法如下：

浮动盈亏 =（当天结算价−开仓价格）× 持仓量 × 合约单位 − 手续费

如果浮动盈亏是正值，表明多头浮动盈利或空头浮动亏损，即多头建仓后价格上涨表明多头浮动盈利，或者空头建仓后价格上涨表明空头浮动亏损。如果浮动盈亏是负值，表明多头浮动亏损或空头浮动盈利，即多头建仓后价格下跌表明多头浮动亏损，或者空头建仓后价格下跌表明空头浮动盈利。如果保证金数额不足维持未平仓合约，结算机构便通知会员在第二天开市之前补足差额，即追加保证金，否则将予以强制平仓。如果浮动盈利，会员不能提出该盈利部分，除非将未平仓合约予以平仓，变浮动盈利为实际盈利。

二、计算实际盈亏

平仓实现的盈亏称为实际盈亏，期货交易中绝大部分合约是通过平仓方式了结的。

多头盈亏计算方法如下：

盈/亏 =（平仓价−买入价）× 持仓量 × 合约单位 − 手续费

空头盈亏计算方法如下：

盈/亏 =（卖出价−平仓价）× 持仓量 × 合约单位 − 手续费

【举个例子】

期货多头头寸盈亏计算：

假设铜目前价格为 60 000 元/吨，在此价格开多仓买入 1 手（5 吨铜）多单，当铜价上涨至 63 000 元时，在此价格平多仓卖出 5 吨铜多单。盈亏计算如下：

多单盈利 =（63 000-60 000）×5 = 15 000（元）

手续费扣除 = 60 000×0.000 18%×5+63 000×0.000 18%×5 = 110.7（元）

实际盈利 = 15 000-110.7 = 14 889.3（元）

说明：如果多单在铜价跌至 57 000 元时平仓，按照公式计算则亏损 14 889.3 元。

以同样的方法，我们来看空头头寸盈亏计算。

假设铜目前价格为 60 000 元，在此价格开空仓买入 1 手（5 吨铜）空单，当铜下跌至 57 000 元时，在此价格平空仓卖出 5 吨铜空单。盈亏计算如下：

空单盈利 =（60 000-57 000）×5 = 15 000（元）

手续费扣除 = 60 000×0.000 18%×5+57 000×0.000 18%×5 = 1 053（元）

实际盈利 = 15 000-105.3 = 14 894.7（元）

说明：如果空单在铜价涨至 63 000 元时平仓，按照公式计算则亏损 14 894.7 元。

当期货市场出现风险，某些会员因交易亏损过大，出现交易保证金不足或透支情况。结算系统处理风险的程序如下：

第一，结算机构通知会员追加保证金。

第二，如果保证金追加不到位，结算机构首先停止该会员开新仓，并对该会员未平仓合约进行强制平仓。

第三，如果全部平仓后该会员保证金余额不足以弥补亏损，结算机构动用该会员在交易所的结算准备金。

第四，如果仍不足以弥补亏损，结算机构转让该会员的会员资格费和席位费。

第五，如果仍不足以弥补亏损，结算机构动用交易所风险准备金，同时向该会员进行追索。

【多说一句】

期货结算机构根据当日无负债结算制度，每天都会对所有保证金账户进行实际盈亏结算和浮动盈亏结算（保证金账户当日余额 = 上日余额 + 当日实际盈亏 + 浮动盈亏 - 手续费）。如果保证金余额不足维持未平仓合约，则会员会被告知追加保证金。如未及时追加保证金，会员将会被强制平仓。因此，在交易中，投资者要学会控制保证金风险和及时追加保证金，以避免强制平仓带来的损失。近年来，在投资者的交易策略中，把止损方式作为重要机制，已经是市场参与者、各个类型投资者的常识之一。

第七节 什么是交割

一般来讲，期货交割的方式有两种：实物交割和现金交割。

实物交割是指期货合约的买卖双方于合约到期时，根据交易所制定的规则和程序，通过期货合约标的物的所有权转移，将到期未平仓合约进行了结的行为。商品期货交易一般采用实物交割的方式。

实物交割的一般程序如下：卖方在交易所规定的期限内将货物运到交易所指定仓库，经验收合格后由仓库开具仓单，再经交易所注册后成为有效仓单；卖方也可以在市场上直接购买有效仓单。进入交割期后，卖方提交有效仓单，买方提交足额货款，到交易所办理交割手续。对买卖双方任何一方的违约，交易所都有一定的罚则。买方在接到货物的一定时间内，如果认为商品的数量、质量等各项指标不符合期货合约的规定，可以提出调解或仲裁，交易所对此均有明确的程序和处理办法。

一般来说，期货投机交易不是以现货买卖为目的，而是以买卖合约赚取差价来达到保值的目的，因此实际上在期货交易中真正进行实物交割的合约并不多。交割过多，表明市场流动性差；交割过少，表明市场投机性强。在成熟的国际商品期货市场上，交割率一般不超过5%。我国期货市场的交割率一般在3%以下。

现金交割是指到期未平仓期货合约进行交割时，用结算价格来计算未平仓合约的盈亏，以现金支付的方式最终了结期货合约的交割方式。这种交割方式主要适用于金融期货等期货标的物，即无法进行实物交割的期货合约，如股票指数期货合约等。近年来，国外一些交易所也探索将现金交割的方式用于商品期货。需要特别指出的是，我国商品期货市场不允许进行现金交割。

> **【举个例子】**
>
> 现金交割的具体办法可以用中国金融期货交易所沪深300股指期货为例进行说明。
>
> 假设某投资者在10月以4 500点的价格卖出12月交割的股指期货合约1手，至12月末最后交易日仍未平仓。
>
> 如果该合约的最终结算价为4 000点，则投资者交割时盈利为$(4\,500-4\,000)\times300=150\,000$元（不考虑手续费）。在相同的情况下，如果交易方向相反，不是卖出1手，而是买入1手股指期货合约，则该投资者亏损150 000元。

【多说一句】

在期货合约到期时，未平仓的期货合约将进入交割阶段。在我国，商品期货的交割方式采用的是实物交割，即买方给货款，卖方给货物，最终完成一手交钱一手交货的现货贸易。金融期货的交割方式采用的是现金交割，因为金融期货是没有实物为载体的期货，只能用现金进行交割，即以现金支付来了结期货合约的交割。

值得我们注意的是，在我国，期货个人投资者是不能进行交割的，只有机构客户可以进行交割。在期货合约进入交割月时，关于个人投资者是否能持仓进入交割月，各个交易所也有相应的规定。大连商品交易所、郑州商品交易所、上海国际能源交易中心规定个人投资者不能持仓进入交割月。上海期货交易所规定个人投资者可以持仓进入交割月，但有相应的手数限制。中国金融交易所规定股指期货个人投资者可以持有到合约最后交易日当天。

学校即将举行一年一度的期货知识大赛，身为大一新生的乒乓和乔乔还有很多知识没有学到，便在教室里一起预习。

诶，乒乓，你看，『期权』看上去好高级呀！

期权是指在未来一定时期可以买卖的权利。

未来某一特定日期以事先规定好的价格向卖方购买，或者出售一定数量的特定标的物的权利。但不负有必须买进或卖出的义务。

期权其实就是一种合约，合约赋予持有人在某一特定日期或该日之前的任何时间以固定价格购进或售出一种资产的权利。

哦，那期权和期货又有什么区别呢？

正好阿中老师在给高年级同学上课的时候在黑板上画了个图表。

看来同学们对期权很感兴趣啊，期权又分为看涨期权和看跌期权。

我知道有四大基础策略：买入看涨、买入看跌、卖出看涨、卖出看跌。

没错，期权是由四个基础策略构成的。

（随即在黑板上画了四幅画）

你们都是好学的好孩子啊，相信大家能在知识大赛上获奖！大家加油！

第四章　期权，高阶衍生品工具

本章引言

　　对于目前国内大多数投资者来说，期权是一种相对陌生的金融衍生品工具，但从全球视角来看，其已成为金融市场中最重要的风险管理工具之一。期权和期货都具有风险管理、资产配置和价格发现等功能，但相较于期货，期权在风险管理、风险度量等方面又有其独特的功能和作用。期权具有类"保险"功能，企业可以根据自身的避险需求灵活配置。同时，期权以结果为导向，可以忽略价格运行中的波动风险。期权的非线性收益特征又可以创造出若干新策略，满足各类个性化需求。期权更具有灵活性和可变通性，被广泛应用于产品创新和风险对冲之中。

　　本章从期权的定义、期权的构成要素、期权的价格构成以及期权与期货的区别等多个角度对期权进行了介绍；同时，选取了四个基础期权策略，介绍其原理及适用范围。

第一节　什么是期权

期权又称选择权，是买卖双方共同达成的一种合约，买方向卖方支付一定的金额（称为权利金）后，拥有在未来某个特定的时间段内以事先约定好的价格，向卖方买入或卖出一定数量的特定标的物的权利，但不具有必须买进或卖出的义务。

> **【多说一句】**
>
> 简单来说，期权市场买方在支付权利金后，拥有权利，且不需要承担义务；同时，卖方在收到权利金后，需要按照期权的合约要求履行义务，而没有放弃义务的权利。从专业的角度思考，这正说明期权市场是围绕着权利金的"权利与义务"发展变化的。

期权的定义有以下几个要点：

第一，期权主要是权利的价值变换，期权合约至少涉及买入和卖出两方的直接关系变化，期权持有人享有权利但不承担相应的义务。

第二，期权标的物包括股票、政府债券、货币、外汇、股票指数、商品期货等，商品部分又分为农产品、贵金属、有色金属、黑色系品种以及能源化工类产品。期权是由这些标的物衍生而来的，因此又被称为衍生品。

第三，到期日是期权的关键词，交易所规定（约定）期权到期的那一天称为到期日。如果该期权只能在到期日执行权利，则称为欧式期权；如果该期权可以在到期日或到期日之前的任何时间执行权利，则称为美式期权。

第四，期权的执行权利是指在期权合约中约定期权持有人据以买入或卖出标的资产的固定价格。

> **【多说一句】**
>
> 全球各个不同的国家在介绍期权市场时，都会用买房子来对比期权的权利金概念。例如，市场上有一套房子，现在市场价值为 100 万元，投资者觉得房子有升值的空间，想赚这笔钱，但是由于没有足够的资金，或者不想拿这么多资金冒险，怎么办呢？
>
> 投资者可以与房东签订一份合同，内容要义如下：甲乙双方约定，在一周后，不论房价高低变化，甲方（投资者）仍然有权利以 100 万元的价格从乙方（房东）手上买入该套房子，但甲方必须先支付 1 万元，作为获得权利之费用。
>
> 这份合同与期权合约是一样的意思。以约定的 100 万元的价格买入，这 100 万元就是"执行价格"，交付的 1 万元定金就是权利金，也是期权市场最常被提及的"合约价格"。

买方支付房子权利金后，就有是否购买房子的决定权，如果不想买，放弃权利金就可以，无需再支付任何成本。

卖方在收到权利金后，有义务在约定时间卖出房子，并且是按事先说好的价格，卖方无权改变价格，也无权说不，只有履行约定的义务。

【举个例子】

有一天，甲在离城中心 20 千米山清水秀之地看上一栋房子，房主开价是 100 万元。虽然价格合适，甲也挺喜欢附近环境的幽静，但不希望马上做出决定。房价有微涨的趋势，甲想过上一段时间再考虑是否全额买入这栋房子，另外甲还想再去他处寻问、比较。因此，甲跟房主签订了一个合同，先支付给房主 1 万元的约定费（权利金），无论三个月后市场价格如何变化，甲都能以 100 万元的价格买下这栋房子。对此，从房主的角度来说，房主认为，未来价格应该持平或不再涨价，甚至还有下跌可能，于是就签订了这个合同。此时，甲与房主皆大欢喜。

我们分析一下，未来 3 个月可能发生的情境，如表 4-1 所示。

表 4-1 未来 3 个月可能发生的情境   单位：万元

项目	3 个月后市场房价	约定价	约定费（权利金）	购房总价	不签合同购买价格
涨价	120	100	1	101	120
不变	100	100	1	101	100
跌价	95	100	1	101	95

甲的损益图（期权买方）如图 4-1 所示。

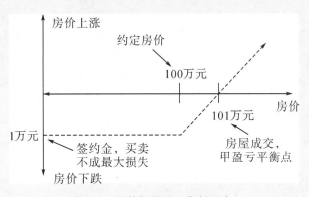

图 4-1 甲的损益图（期权买方）

接下来，我们分析一下双方的损益情况。

买方分析：从表4-1和图4-1可以看出，当房价超过100万元时，甲便可以行使买入该套房产的权利。而只有当房价大于101万元时，此时超过甲的盈亏平衡点，甲才算是获得了最好的成交价格，从而可以降低买进成本。此时，无论房价涨得多高，甲都可以按照合约约定的100万元来购买该套房产。

再从房主的角度来说，房主损益图如图4-2所示。

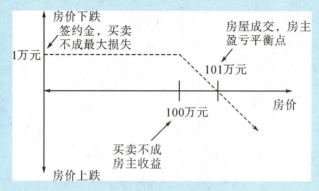

图4-2　房主损益图

卖方分析：房主最大收益只有收入的1万元权利金，如果未来房价大幅度上涨，严格来说，只要房价超过101万元以上，都是房主潜在损失的赚钱机会。

在这个例子当中，甲买房就相当于买入了一张看涨期权合约，在期权交易市场中，甲就是买方；而房主则是期权的卖方，相当于卖出了一张看涨期权。

第二节　期权构成要素

要了解期权合约，就要先从期权构成要素入手。期权构成要素如表4-2所示。了解期权构成要素可以帮助投资者在进行交易时更好地控制交易安全性，保持基本的策略品质。所谓基本的策略品质，是指投资者在期权构成要素规范下，不会采取无端提高风险的错误行动。

表4-2　期权构成要素

构成要素	说明
标的资产	标的资产是期权合约中规定的，期权持有人行使权利时可以买进或卖出的资产
期权价格	期权价格又称权利金、期权费，是期权买方为获得按约定价格购买或出售标的资产的权利而支付给卖方的费用
行权方向	行权方向是指期权买方行权时的操作方向。期权买方的权利可以是买入标的资产，或者是卖出标的资产

表4-2(续)

构成要素	说明
行权方式	行权方式是指期权合约规定的期权买方可以执行期权的时间
执行价格	期权合约中约定的、买方行使权利时购买或出售标的资产的价格
最后交易日	期权合约能够在交易所交易的最后日期（最后交易日为合约到期月份的某一日）

期权策略包括看涨期权和看跌期权（见表4-3），选择其中任何一种策略，就代表了投资者对市场的基本态度。

表4-3　看涨期权和看跌期权

期权策略	说明
看涨期权	在期权合约有效期内按执行价格买进一定数量标的物的权利
看跌期权	卖出标的物的权利。当期权买方预期标的物价格会超出执行价格时，其就会买进看涨期权；反之，其就会买进看跌期权

如前所述，期权可以按其行权方式大致分为美式期权和欧式期权两大类。美式期权从买入之日起，至到期日止的任何时间里都可以被行权；欧式期权只能在到期日行权。一般认为，美式期权在行权时间上具有相对较大的灵活性。

第三节　期货和期权的应用与区别

假设投资者想要做多某个期货商品，但是对自己的策略判断没有很强的信心，那么就可以先买进看涨期权，支付一些权利金，等到趋势再度被确认，即提高了看涨的概率或说趋势形成，那么此时可以再去卖出看跌期权，收取一些权利金。这个时候，两个期权策略叠加后，损益结构就变成是期货多头的损益样式（见图4-3）。

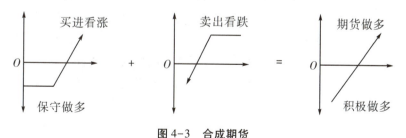

图4-3　合成期货

期货多单=买进看涨期权+卖出看跌期权

投资者使用先买进看涨（保守做多），再伺机卖出看跌的策略，不仅多一层控制风险的手段，还增加了获利的概率，因此，许多期权的做市商交易员都会懂得使用这样的策略。期货与期权的区别如表4-4所示。

表 4-4　期货与期权的区别

项目	期权	期货
标的物	买卖的权利	标准的期货合约
权利金	买方支付权利金给卖方	无
保证金	卖方缴纳	买卖双方均需缴纳
权利主体	买方有权利、无义务 卖方无权利、有义务	买卖双方权利义务对等
每日结算	针对卖方部位进行每日结算	买卖双方均须进行每日结算
盈亏特点	买方风险有限，收益无限 卖方风险无限，收益有限	买卖双方均需承担价格波动风险

期货与期权的区别主要有以下四点：

第一，买卖双方权利和义务不同。期货交易的买卖双方的权利和义务是一样的，都承担着亏损的可能，也都享有盈利的可能。期权的买方只享有权利、没有义务，其义务在购买期权时付出了权利金就已经结束。期权的卖方只承担义务，其收取权利金后就只剩下义务了。

第二，保证金规定不同。期货买卖双方都要缴纳保证金；期权只有卖方需要缴纳保证金，买方只需要支付权利金。

第三，交易内容不同。期货交易是在未来一段时间支付某种实物商品或有价证券。期权交易是买卖未来一段时间按指定价格买卖某种商品的权利。期货交易到期一定要交割，而期权不一定要交割，可以放弃，过期作废。

第四，风险和获利不同。期货交易双方的风险和获利都是无限的。期权买方的最大亏损是失去权利金，获利则是无限的。期权卖方的最大利润是权利金，而风险则是无限的。

【多说一句】

期权是单向合约，期权的多头在支付权利金后即取得履行或不履行合约的权利而不必承担义务。期货合同是双向合同，交易双方都要承担期货合约到期交割的义务，如果不愿实际交割必须在有效期内冲销。

对于一名交易员或投资经理来说，其必须掌握期货与期权的功能。这种与现货叠加的综合能力，可以说是评价交易绩效是否值得期待的基本标准。如果有人想去面试一名交易员的工作，如果其能够展现对现货、期货与期权的策略应用能力，那么上班马上就能提供交易绩效。对于私募、公募等公司的主管而言，这个人将是不可多得的人才。

第四节　期权价格构成

期权的价值分为时间价值与内涵价值，这是期权价格的两个组成部分。

内涵价值是指买方立即行权时可以获取的总利润。根据期权执行价格与其标的物实时价格的关系，期权可以分为实值期权、虚值期权和平值期权（见表4-5）。

表4-5　期权价格构成

名称	看涨期权	看跌期权	内涵价值
实值期权	执行价格<实时价格	执行价格>实时价格	为正数
平值期权	执行价格=实时价格	执行价格=实时价格	零
虚值期权	执行价格>实时价格	执行价格<实时价格	零

简而言之，期权价格减去内涵价值，剩下的就是期权的时间价值（见图4-4）。

期权价格 = 内涵价值 + 时间价值

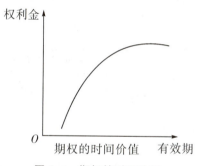

图4-4　期权的时间价值

对于投资者来说，与较短期的期权相比，期权买方对较长期的期权应付出更多的权利金。就一般交易经验来说，期权距到期日时间越长，其标的物价格发生大幅度变动的可能性越大，期权买方执行期权获利的机会也越大。

权利金与到期时间并非简单的倍数关系，而是一种非线性关系。期权的时间价值随到期日的临近而加快减少，期权到期时，时间价值为零。

【多说一句】

关于期权权利金的要点，除了涨跌变化之外，最关键的就在于时间长短。如果投资者用1元买进某标的，随后该标的价格上涨至1.1元，那么此时该标的的内涵价值就是0.1元。

如果投资者继续持有该标的资产，这个时间段内的价值称为时间价值。

由于期权买方在支付权利金时便与卖方有法律上的权利、义务约定，并且当约定期限结束后这个约定就会自动解除约定，因此越是临近到期日，权利金的涨跌幅就越容易被放大。

第五节　期权基础策略

一、买入看涨期权策略

（一）策略介绍

买入看涨期权是指投资者支付权利金，获得以特定价格向期权卖方买入一定数量的某种标的商品的权利。该策略的适用场景是当投资者预期某个标的资产价格将要上涨时，可以选择先支付一定的权利金买入看涨期权。因为是支付少许权利金，所以风险有限，但如果标的资产价格出现下跌时，投资者将损失全部权利金。买入看涨期权到期损益如图4-5所示。

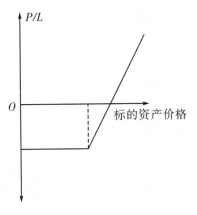

图4-5-　买入看涨期权到期损益

（二）适用场景

投资者判断标的资产价格短期内将上涨，并想要充分利用期权的高杠杆效应时，买入看涨期权效果最佳。因为买入的看涨期权的时间价值会随时间流逝而不断缩水，所以只有当投资者预期标的资产价格在短期内就能快速上涨的时候，才适用买入看涨期权策略。

> **【举个例子】**
>
> 某企业希望在3个月后从市场上购入100吨玉米，当前的期货价格为3 500元/吨，企业担心3个月后玉米价格会大幅上涨，因此买入了一定数额的玉米看涨期权，期权费为150元/吨。3个月后，玉米期货价格上涨至4 000元/吨，企业将该期权卖出平仓。
>
> 此时该企业通过购买看涨期权策略获利500元/吨，扣除期权费成本后仍获利350元/吨，成功将玉米的采购成本降低至3 675元/吨。该企业通过使用买入看涨期权策略降低了收购成本。

（三）风险收益特征

最大风险：损失全部权利金。

最大收益：只要标的资产价格上升，在理论上最大收益就没有上限。

（四）策略优势

即使标的资产价格不仅没有上涨，反而下跌了，投资者的损失也有限。与直接买入标的相比，投资者可以用更少的资金撬动同等数量的标的。这是一个基本期权策略。与其他复杂的策略相比，该策略不需要精确计算，更节省手续费。

【多说一句】

买入看涨期权是大多数机构法人爱用的策略，其最佳运用时机是使用者对价格的上升趋势有一定看法，却又没有很强的信心之时（权宜之计）。这个权宜之计在投资经理的风险管理操作方面，尤其是损益曲线回撤控制方面，常常效果极佳。

在执行交易策略过程中，最好的模式是一个策略叠加另一个策略，结果形成操作者（交易者）心中最佳的损益状况。简单来说，在不同策略（功能）的叠加运用后，操作者得到最想要的损益结果。损益情况是操作者（交易者）的策略组织与控制能力的表现。

二、买入看跌期权策略

（一）策略介绍

买入看跌期权是指期权的购买者拥有在期权合约有效期内按执行价格卖出一定数量标的物的权利，但不负担必须卖出的义务。对于投资者来说，买入看跌期权策略可以应用于标的资产价格下跌的过程或提前进行对冲操作的过程。因为投资者是买方，所以投资者有极大的潜在收益，而风险却是有限的。买入看跌期权到期损益如图4-6所示。

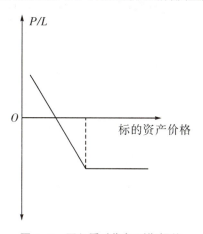

图4-6 买入看跌期权到期损益

（二）适用场景

如果投资者认为标的资产价格将出现较大幅度的下跌，那么在价格下跌过程中，买入看跌期权是相对最直接、最安全、最划算的交易策略。除此之外，买入看跌期权可以与已持有的标的资产形成对冲，可以部分或全部对冲标的资产价格下跌的风险。

从这个功能来说，买入看跌期权不仅是一个好的杠杆性策略，也是一个优秀的对冲策略。在这种场景下，我们可以把买入看跌期权比喻为买入一种保险。

> **【举个例子】**
>
> 某企业持有玉米期货 100 吨，持有成本为 4 000 元/吨，该企业担心在未来 3 个月内玉米价格会大幅下跌，因此买入了玉米看跌期权，期权费为 200 元/吨。3 个月后，玉米期货价格下跌至 3 500 元/吨，企业将该期权卖出平仓。
>
> 此时，该企业通过购买看跌期权策略获利 500 元/吨，扣除期权费成本后仍获利 300 元/吨，成功减少了 300 元/吨的持有损失。

（三）风险收益特征

最大风险：损失全部权利金。

最大收益：只要标的资产价格不断下跌，最大收益就持续扩大。

（四）策略优势

如果标的资产价格没有下跌，反而上升，该策略的损失是有限的。

这是最基本的交易策略之一，投资者不需要精确的计算就能运用。这点要比那些复杂的组合策略简单方便。

> **【多说一句】**
>
> 买入看跌期权与买入看涨期权刚好相反，买入看跌期权也是大多数机构法人爱用的策略。其最佳运用时机是使用者对价格的下跌趋势有一定看法，但又没有很强信心。

三、卖出看涨期权策略

（一）策略介绍

卖出看涨期权是指期权卖出者获得权利金的收入，若买入看涨期权者执行合约，卖方必须以特定的价格向期权买方卖出一定数量的某种特定资产。看涨期权卖方往往预期市场价格将下跌。简单来说，作为卖出看涨期权的投资者，当买方想要买入标的资产时，卖方就必须无条件地按照约定价格卖出标的资产给买方。

更通俗的说法是，如果标的资产是股票的话，当买方想买入这只股票，那么卖方就得拿出相应的股票，以和买方约定的价格成交。作为卖出看涨期权的一方，卖方在价格问题上没有任何话语权。卖出看涨期权到期损益如图 4-7 所示。

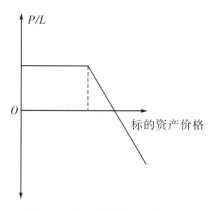

图 4-7　卖出看涨期权到期损益

卖出看涨期权与买入看涨期权是相对应的策略，投资者在买卖时互为对手方。通俗地说，证券期货市场可以进行两个方向的买卖，而期权市场则可以进行四个方向的买卖。在这四个方向中，既可以买卖看涨期权也可以买卖看跌期权，它们是一一对应的关系，但是看涨期权和看跌期权是不能互相交易的。

（二）适用场景

投资者在预期标的资产价格下跌时，为取得权利金收入而卖出看涨期权。

如果投资者已经早先持有了标的资产，则卖出看涨期权获得的权利金等于降低了买价，可以改善持仓成本。

【举个例子】

某企业持有玉米期货 100 吨，持有成本为 4 000 元/吨。该企业判断在未来 3 个月内玉米价格整体运行平稳，不会发生大幅上涨，因此在 4 300 元/吨的价格水平上卖出了玉米虚值看涨期权，获得权利金收入 60 元/吨。3 个月后，该玉米期权合约到期时的期货价格为 4 020 元/吨，该企业将该期权合约进行了买入平仓。

此时该企业通过卖出看涨期权获利 40 元/吨，成功将玉米的持有成本降低至 3 960 元/吨，通过使用卖出看涨期权策略降低了持有成本。

（三）风险收益特征

最大风险：无限，如果标的资产价格在突破损益平衡点后继续上涨，则该策略会亏损，价格涨得越高，亏损越大。

最大收益：有限，仅限于收到的权利金。

（四）策略优势

投资者卖出期权时获得权利金收入，可以用来缓冲部分风险。该策略仅涉及一种期权，手续费较便宜。即使标的资产价格横盘震荡，投资者也可以从该策略中获利。

与买入看跌期权相比，如果标的资产价格没有上涨，反而小幅下跌，该策略能够为投资者权益提供一定程度的保护，因为在卖出时已经有权利金的收入。

【多说一句】

卖出看涨期权与买进看涨期权是相对应的策略，投资者在买卖的时候互为对手方，这是期权市场的特殊之处。期权市场有两个可以买卖的市场：一个是看涨期权，另一个是看跌期权。看涨期权与看跌期权是不能互相交易的。

卖出看涨期权策略的应用非常多元，部分喜欢承担风险的交易员或投资经理更喜欢把该策略与卖出看跌期权策略一起使用。尤其是在市场呈现震荡格局时，投资者使用此卖方策略，可以收取两边的权利金，增加获利机会与提升资金效率。然而，一旦市场呈现快速且大幅度的波动时，这个策略的损失幅度也是很大的。

四、卖出看跌期权策略

（一）策略介绍

卖出看跌期权是指卖出者获得权利金，若买入看跌期权者执行合约，卖方必须按照约定价格向期权买方买入一定数量的标的资产。一般来说，当投资者预期标的资产价格上涨时，其往往会卖出看跌期权。卖出看跌期权到期损益如图4-8所示。

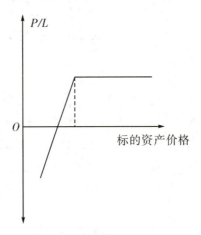

图 4-8　卖出看跌期权到期损益

（二）适用场景

一般来说，投资者对市场看涨，直接买入看涨期权即可。为什么一些投资者还要选择卖出看跌期权呢？其关键还是在于标的价格的上涨幅度方面。如果上涨幅度无法覆盖买入看涨期权所支付的权利金成本，反而会让支付的权利金被消磨殆尽，那么投资者就得不偿失了；反过来说，在小幅上涨的行情中，投资者卖出看跌期权，期权的买方是不会要求行权的。因此，一般认为，在小幅上涨的行情中使用卖出看涨期权策略是最佳的操作策略。

不管任何标的资产，当投资者预期标的资产价格会小幅上涨的时候，都可以使用该策略。这种上涨并不一定要像买入看涨期权要求的那样剧烈地上涨，因为只要标的资产价格上涨至期权变成虚值期权（没有行权价值），看跌期权的卖方便可以从中获利。

　　如果投资者预期标的资产价格会剧烈上涨，则最好采用买入看涨期权的策略，因为即使标的资产价格涨得再高，卖出看跌期权策略的收益也是有限的。这种认知让我们知道什么行情要使用什么策略才是最有价值的。

> **【举个例子】**
>
> 　　某企业持有玉米期货 100 吨，持有成本为 4 000 元/吨。该企业判断在未来 3 个月内玉米价格整体运行平稳，不会发生大幅下跌，因此在 3 800 元/吨的价格水平上卖出了玉米虚值看跌期权，获得权利金收入 100 元/吨。3 个月后，该玉米期权合约到期时的期货价格为 3 900 元/吨，该企业将该期权合约进行了买入平仓。
>
> 　　此时该企业通过卖出看跌期权获利 100 元/吨，成功将玉米的持有成本降低至 3 900 元/吨，通过使用卖出看跌期权策略降低了持有成本。

　　（三）风险收益特征

　　最大风险：标的资产价值为零。如果标的资产价格在跌破损益平衡点后继续下跌，则该策略会亏损，跌得越严重，亏损越多。因此，该策略在标的资产价格下行时应该设置一个止损点。

　　最大收益：有限，限于所收到的权利金。

　　（四）策略优势

　　该策略不需要精确就可以实施，比那些复杂的期权策略使用起来方便。该策略仅涉及一种期权，相较于复杂的策略而言，手续费较便宜。

　　即使标的资产价格横盘不动，该策略也能赢利。其实，如前所述，投资者认为市场会横向震荡走势才会使用该策略。这是期权投资者的基本常识。

　　当然，卖出看跌期权策略也是最基本、最灵活的交易策略之一。在期权到期之前，投资者可以通过买入或卖出更多的期权，把当前的策略转变为其他策略，以适应对市场看法的改变。

　　与买入看跌期权相比，如果标的资产价格没有上涨，反而小幅下跌，该策略能够为投资者权益提供一定程度的保护。因为投资者在卖出时已经有了权利金的收入，这是使用该策略时就已经确定的收入。

> **【多说一句】**
>
> 　　卖出看涨期权与卖出看跌期权两个策略不仅可以结合使用，还可以与买进看涨期权、买进看跌期权两个策略一同使用或交叉使用。期权的四个交易策略，即买进看涨、卖出看涨、买进看跌与卖出看跌，合称为"期权的四只脚"。

第六节　全球期权交易的发展历史

在全球范围内，虽然期权交易起始于18世纪后期的欧洲市场，之后才进入美国市场，但真正发扬光大是从20世纪70年代开始，尤其到了期权平价理论被提出之后，期权市场才得以快速发展。

最初，受到制度不健全等因素影响，期权交易的发展一直受到抑制。19世纪末至20世纪早期，无论是看跌期权还是看涨期权市场，都是属于职业期权投资者的市场。他们在交易过程中，并不会连续不断地提出报价，而是仅当价格变化明显有利于他们时，才会提出报价，这种市场氛围一直持续了好几十年。这样的期权交易市场不具备广泛的推广价值。在不便于转让的情况下，期权市场的流动性受到很大的限制，这种偏向自营的交易体制也因此受挫。

由于市场没有高度的公开化，早期的期权市场存在诸多质疑。有时交易价格可能只出现一个投资者在做市的局面，由于买卖价差过大使得投资者交易成本大幅度提升。这导致期权市场的价格发现功能一直无法实现。那个时期在市场上最常听到的声音就是投资者经常问道："我怎么知道现在的成交价是在最公平的价位上呢？"这种对市场公平性的顾虑不绝于耳，使得期权市场无法吸引更多的参与者，整个期权市场的发展受到了极大的抑制。

这些问题直到1973年4月26日芝加哥期权交易所（CBOE）成立后对期权交易进行了统一标准化后才得到解决。期权合约的相关条款、要素，包括合约量、到期日、敲定价、权利、义务、标的物以及交易时间限制等都被交易所进行了标准化设置，这才正式开启了期权市场快速发展的路径。交易所最初只开放16只股票标的的看涨期权市场，所幸很快这个数字就开始成倍增加，紧接着股票的看跌期权也开始逐步挂牌交易。直到现在，在美国所有的交易所内，都已经对股票、指数、外汇、债券、利率与大宗商品等上万种标的品种开设了对应的期权交易。

随着市场的迅速发展，美国商品期货交易委员会也有意识地放松了对期权市场的交易限制，积极推出了商品期权交易和金融期权交易。由于期权合约的标准化程度高，期权合约可以更方便地在交易所里转让给更多投资者，并且交易过程也变得非常简单便利，最后的履约也得到了交易所担保。这样，不但提高了交易效率，也降低了交易成本。此时已经彻底扭转了期权市场最初的不公平、不透明、流动性差以及成本昂贵的窘境。

到了1983年，芝加哥商业交易所开放了标准普尔500（S&P500）股票指数期权交易。纽约期货交易所也推出其股票指数期货期权交易。随着股指期权的成功推动，美国各交易所迅速将期权交易扩展到了其他金融期货品种中去。自此开始，全球范围内的各大交易所都积极投身到了期权市场的研究。目前，期权交易已经在全球普及，投资者无不利用期权市场为自己争取最大效益。

一直到20世纪80年代至90年代，期权柜台交易市场（场外交易市场）也得到长足发展。柜台期权交易是指在交易所外进行的期权交易。在国际上，期权柜台交易中的期权卖方一般是投资银行，而期权买方一般是投资银行的客户。投资银行如同一个交易所，会根据客户的个性化需求，设计出相应标的资产的期权产品要素、交易条件等。因为是"一对一"量身定做的，这种场外交易的品种在到期期限、执行价格、合约数量与执行方案等方面具有较强的灵活性，吸引了大量有个性化需求的投资者的青睐。

目前，全球期权市场中最活跃的市场当属外汇期权市场，最主要的货币期权交易所是费城股票交易所（PHLX）。该交易所提供了澳元、英镑、加币、欧元、日元以及瑞士法郎等多种货币的美式期权合约或欧式期权合约。

周末，乔乔和乒乓到商场去玩。路上他们看到一则广告，上面写了四个红色大字『场外期权』。

我们只学过期权，场外期权又是什么呢？

场外期权好像是一种金融衍生品业务，但具体是啥我也没有听说过……

刚好阿中老师也在这边购物，大老远就跟乔乔和乒乓打起了招呼，乔乔、乒乓，你们也在这里逛街啊！

阿中老师！我们在看这个『场外期权』，但我们不理解这是什么？

那也是期货公司来进行交易吗？

场外期权是指在非集中性交易场所进行非标准化金融产品或商品期权合约的交易。但其实场外期权在基本属性上与交易所内进行的场内期权差别不大，两者最根本的区别在于期权合约是否标准化。

目前，我国期货公司都是通过风险管理子公司开展场外期权交易。

那场外期权的作用
是什么呢？

从现实情况来看，
场外期权作为一种风险管理
工具，最大的用途应该是为
企业提供避险途径。

其实场外衍生业务还有很多，
比如『保险＋期货』模式，
仓单服务等。
下节课我们会仔细讲述。

期权的出现源自避险的需求，
最早出现在公元前1776年的
《汉谟拉比法典》
中的一个信贷违约期权。

谢谢阿中老师，
阿中老师周末愉快！

第五章 场外衍生品，避险工具箱

本章引言

在前四章，我们重点介绍了场内期货及期权的基础知识，但在企业实际的风险管理中，场内市场并不能完全满足企业灵活多变的风险管理需求。场外衍生品作为衍生品市场体系的重要组成部分，是企业个性化风险管理的有效工具。近年来，市场对风险管理的需求逐渐细分，对产品及服务的个性化提出了更高的要求。相较于高标准化、高透明度的场内衍生品，场外衍生品无论是标的范围还是合约设计灵活性，在解决实体企业和金融机构的风险管理需求方面均表现出较大优势。场外衍生品市场也对场内市场形成了补充和完善，投资者可以在了解各种不同衍生品特性的基础上，合理配置场内外工具，达到更接近预期的效果。

本章对目前市场上常见的场外衍生品工具进行了介绍。当前应用较为广泛的场外期权，弥补了场内期权的不足之处；保险+期货为农业经营者提供了合适的避险工具；仓单服务、基差贸易为现货企业提供了更为灵活的交易方式；合作套保让企业的风险管理更加完善和专业；做市商为市场提供了更多的流动性，稳定了市场的健康发展。场外衍生品让企业的风险管理工具多样化，更具有实用性，使得金融产品更好地服务于实体企业，进一步融入实体产业链。

第一节　场外期权

一、场外期权的相关概念

场外期权是指在非集中性交易场所进行非标准化金融产品或商品期权合约的交易。该业务是金融衍生品业务的一种类型，衍生品价格与标的物密切关联，交易对手可以通过衍生品买卖来转移价格风险。目前，我国期货公司都是通过风险管理子公司开展场外期权交易。

场外期权在基本属性上与交易所内进行的场内期权差别不大，两者最根本的区别在于期权合约是否标准化（见表5-1）。场内期权是在交易所交易的标准化合约，通过清算机构进行集中清算。场外期权是根据客户的需求设计的，是个性化的，更加灵活，虽然没有统一的挂牌和指令规则，但其在交易量和交易额上占据明显的优势。

表 5-1　场外期权与场内期权的区别

项目	场内期权	场外期权
产品特征	标准化	个性化
灵活性	小	大
交易场所	交易所	场外柜台市场（OTC）
流动性	高	低
市场参与者	个人投资者、机构投资者 普通法人、做市商	机构投资者、普通法人 做市商
主要风险	市场风险	市场风险、流动性风险 信用风险、结算风险
市场监管体系	政府监管及行业自律	以行业自律为主导， 以政府监管为补充
主要功能	投资、投机、避险	多种功能

场外期权的基本要素由5个部分构成：第一部分是期权费，即期权买方支付给期权卖方的费用，又称权利金。第二部分是标的资产，即期权合约中约定的标的资产，场外期权的标的资产可以是大宗商品、金融期货甚至是某只股票等。第三部分是执行价格，即约定的买卖标的资产的价格，又称行权价。第四部分是名义金额，即期权合约对应的资金规模。第五部分是到期日，即期权的有效期限。

二、场外期权的发展历史

期权的出现源自避险的需求，最早出现于公元前1776年《汉谟拉比法典》中的一个信贷违约期权。17世纪，荷兰"郁金香泡沫"事件中出现的郁金香球茎期权的二级市场形成了早期的期权交易。到了 18 世纪，在工业革命和运输贸易的刺激下，欧洲农产品期权开始交易。此时，场外期权市场开始形成，场外商品期权成为商品市场较重要的风险管理工具。海外市场的发展已较为成熟，市场规模也趋于稳定。我国的期权市场由于起步较晚，目前场外商品期权市场的规模还相对较小，但发展迅速，市场需求较大，未来存在较大的发展空间。

2013 年，我国开始推出场外期权，允许符合相关资质的机构参与场外期权交易。我国国内的商业银行及符合资质的大型基金公司，成为首批场外期权交易的买方。2017 年，多种第三方交易渠道成立，场外期权业务迅速提升。个人可以通过多种渠道参与场外期权的交易，主要包括资管渠道和私募基金渠道两种模式。2018 年，资管新规频频出台，限制了新增资管计划对接场外期权交易的可行性，各券商以及私募机构收到监管部门的窗口指导，标志着场外期权市场走向规范化发展阶段。2020 年至今，监管体系以及法规基本成型，场外期权业务进入高速发展阶段。

三、场外期权的交易模式

场外期权的交易模式主要有两种：一种是做市模式，另一种是撮合模式。

做市模式是指具备一定实力和信誉的机构作为做市商，向投资者提供产品的买卖报价，并在该价位上接受投资者的买卖要求，用其自有资金或资产与投资者进行交易的模式。这种模式风险较高，做市商需要用自有资金在场内市场以现货或期货来对冲风险。这种模式要求做市商有较为雄厚的资金实力，做市商会存在资金链断裂的破产风险。

撮合模式是指经过中间商的撮合，期权的买卖双方形成交易的模式。中间商从撮合交易中赚取价差，风险相对较低，但是由于场外期权产品是"私人订制"的，流动性差，因此容易出现因为产品在行权价、到期日等合约设置上存在的差异而造成交易失败。要找到相匹配的买卖双方，中间商需要分别和买方、卖方进行沟通，整个交易过程耗费的时间较长，谈判成本也较高。

> **【多说一句】**
>
> 在做市模式中，期货公司（风险管理子公司）作为期权的卖方把场外期权卖给有需求的期权买方。此时，如果不进行对冲的话，期货公司（风险管理子公司）将面临很大的敞口暴露，而对冲则需要期货公司（风险管理子公司）通过期货市场把场外期权的风险冲抵掉。在对冲的过程中，期货公司（风险管理子公司）需要使用自有资金作为对冲期货保证金，还面临着手续费、交易摩擦成本、人力成本等诸多成本，不同的期货公司（风险管理子公司）的对冲能力也表现出参差不齐的现象。多种原因叠加，导致了场外期权的期权费率一般高于场内期权的期权费率。

四、场外期权的特点

一方面，场外期权具备"博彩"的属性，能以小博大，达到"四两拨千斤"的效果。

对于投资者而言，其仅需付出期权费即可参与全部名义本金对应的标的资产涨跌幅。另一面，场外期权具备"保险"的属性。对于期权的买方来说，其通过付出期权费的形式享有了未来以某种价格买卖标的资产的权利；对于期权的买方来说，其拥有权利而没有义务，如果未来标的资产的价格不符合预期，仅以期权费为限承担损失。

从现实情况来看，场外期权作为一种风险管理工具，最大的用途应该是为企业提供避险途径。它不仅可以达到传统期货套期保值以锁定成本或利润的目的，也兼具了现货价格有利变动时为企业带来额外盈利的机会，还帮助企业规避了在利用期货套期保值时受行情不利变动因素而导致的追加保证金风险。

场外期权对比期货和场内期权如表 5-2 所示。

表 5-2 场外期权对比期货和场内期权

对比	内容
与期货相比	场外期权的资金占用往往较少，杠杆倍数相对更高。期货面临着资产价格双向波动的风险，最大的潜在损失难以锁定。期权的收益结构是非线性的，期权的买方损失有限。此外，如果是用于风险对冲，运用期货进行对冲虽然标的资产下跌风险可以锁定，但是上涨的收益也会被侵蚀，而期权却可以在缓释下跌风险的同时保留上涨收益
与场内期权相比	场外期权一方面可交易的标的范围更广，包括股指、个股、黄金、原油等不同品种；另一方面定制化程度更高，可选择的结构灵活多样。此外，从投资者的参与情况来看，场外期权的参与者均为机构投资者，而场内期权的参与者中个人投资者较多，价格除了受到期权本身价值的影响外，还会受到供求和交易等因素的影响，价格波动相对较大

【多说一句】

从整体上来看，场外期权丰富了市场的交易品种，完善了期权、期货和现货组成的投资体系，同时增加了相关现货和其他衍生品市场的流动性，另外对标准化场内产品也进行了有益补充，覆盖了场内产品无法满足的个性化需求。

五、场外期权的适用场景

从海外的发展经验来看，场外市场的规模一般是场内市场规模的 9~10 倍，这是因为场外期权更能满足投资者的多样化需求。目前，我国商品市场推出的场内期权品种还不够完善，交易与投资总体上也算不上活跃，场外衍生品市场在近几年开始逐步崭露头角。

对于大部分企业而言，除了利用期货进行套期保值外，场外衍生品也成为一种重要的风险管理工具，企业只需支付少量的成本购买场外期权，就可以实现现货或期货资产的保值与增值。作为最流行的风险管理工具之一，场外期权在金融市场上的地位正处于不断提升之中。

场外期权的适用场景如表 5-3 所示。

表 5-3　场外期权的适用场景

序号	适用场景
场景一	手里有货，担心贬值
场景二	计划购货，担心价涨
场景三	希望规避风险，又想保留盈利的机会
场景四	判断出错时不想遭遇追加保证金风险
场景五	用期货套期保值无法满足个性化需求

六、案例介绍

（一）产业背景

四川省是西南地区聚氯乙烯（PVC）主要的生产省和消费省，其产量约占全国产量的6%。由于靠近电石产区，因此西南地区化工产业积淀深厚，四川省拥有行业内多家上市公司和中小企业。

四川某商贸有限公司是一家位于四川省成都市的聚氯乙烯中小型贸易企业。虽然该企业规模较小，但其负责人认为化工行业正处于良好发展的时期，积极与多家国内大型聚氯乙烯龙头企业建立合作关系，并试图布局聚氯乙烯的下游生产公司。从2021年4月开始正式营业至今，该企业已销售多个厂家生产的聚氯乙烯4 500多吨，贸易发展迅速。

影响聚氯乙烯产业链各环节的因素众多，如上游原材料、下游房地产行业的需求、国内生产总值（GDP）的增速、塑料制品的出口等。其中，煤炭、原油和电石等原材料价格的波动频繁，导致聚氯乙烯价格短期内变动幅度剧烈，加剧了国内聚氯乙烯生产企业、贸易商以及下游制品行业的经营风险。

2021年上半年，为做大做强企业的贸易额，从2021年5月起，该企业开始购入大量聚氯乙烯现货，再加上与上游企业签订的销售订单，该企业囤积了上万吨聚氯乙烯现货。该企业负责人表示："作为一个新生的企业，想要长久地走下去，我们必须要扩大规模。但是，这么多的聚氯乙烯在我们手里，我们也十分担心它的价格下跌，那样的话损失就太大了，很可能会超过我们的承受能力。"

（二）风险管理方案设计阶段

面对库存商品价格下跌将导致的经营风险，该企业积极应对寻求规避风险的解决方案，并主动联系了华西期货风险管理子公司（华期创一），双方经过多轮沟通和实地调研后，均认为随着国外新冠肺炎疫情影响、需求淡季来临，加之国内成本压力、限电等一系列影响，聚氯乙烯价格回落的可能性较大。从供应端看，2021年下半年有部分新产能投放，企业开工率提升，从第三季度开始聚氯乙烯产量逐步提升；从需求端看，第三季度中上旬一是受雨季的影响，进入需求淡季；二是各地出现限电现象，订单量欠佳。2021年第三季度，市场很可能会呈现前高后低走势。对这万吨级别聚氯乙烯库存面临的下跌风险，华期创一建议企业采用场外期权提前锁定销售收入，此建议得到了企业的接受与采纳。

（三）风险管理方案实施阶段

为此，华期创一为该企业设计了多笔欧式虚值看跌期权，期限各为 1 个月，为其锁定 4 400 吨聚氯乙烯现货 4 个月的贸易利润。2021 年 6 月 11 日至 2021 年 8 月 12 日，该企业向华期创一下达了多笔交易指令，华期创一根据行情在期货市场进行风险对冲操作。在未来聚氯乙烯价格上涨时，现货端的获利将可以让企业获得正常经营利润；在未来聚氯乙烯价格下跌时，期权端的获利将可以降低已持有现货的相关成本。

项目运行期间，聚氯乙烯价格先抑后扬，该企业在理想的价格区间出售存货，实现了现货端的盈利。2021 年 6 月 11 日聚氯乙烯现货价格约为 9 250 元，8 月 12 日聚氯乙烯现货价格约为 9 400 元，按照 5 000 吨的存量计算，该企业现货端盈利约为 75 万元。从期权端来看，该企业的风险管理计划最终实现赔付 28.25 万元，其中支付的期权费为 74.46 万元，最终企业在期货端的亏损为 46.21 万元。期现两端轧差，企业总体实现了盈利 28.79 万元。

> **【多说一句】**
>
> 相较于内部治理更加完善、风险管理手段更加丰富的大型企业，中小企业缺乏内部控制、有经验的人才和团队，对期货市场的参与度和认知度相对较低。参与场外期权，利用场外期权的灵活性，以非标准化合约根据企业需求设置行权价、期限、波动率，达到平滑经营利润、稳定经营预期、提高资金使用率的目的，有效增强了中小企业的风险管理意识，帮助其获得更加平稳的发展路径。同时，中小企业借此可以持续扩大经营规模，对企业发展是一大助力。

第二节　保险+期货

一、保险+期货的概念

保险+期货是指农业经营者或企业为规避市场价格风险向保险公司购买期货价格保险产品，保险公司通过向期货公司（风险管理子公司）购买场外期权从而将风险转移，期货公司利用期货市场进行风险对冲的业务模式。

保险+期货是基于为农业经营者提供价格避险工具发展起来的。它主要涉及三个主体：投保主体、保险公司、期货公司（风险管理子公司）。农业经营者或企业（投保主体）向保险公司购买价格保险产品，保险公司向期货公司购买场外期权转移风险，期货公司（风险管理子公司）在期货市场上进行风险对冲操作，将风险转移至期货市场。

保险+期货运作关系如图 5-1 所示。

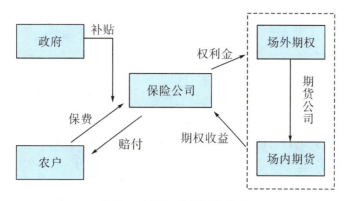

图 5-1 保险+期货运作关系

【多说一句】

在农业领域，农业保险和农产品期货都是不可或缺的，两者的功能区别在于保险的赔付条件是针对自然灾害、生存等各类"不可抗力"因素造成的损失，而期货则是对冲价格波动风险。两者都是风险管理工具，可以实现互补，因此保险+期货应运而生。虽然名字叫做保险+期货，但是它的核心其实是场外期权。

二、保险+期货的流程

（一）保险公司产品设计阶段

保险+期货流程中最重要的是产品设计环节。在这个环节，保险公司和期货公司既有分工，又有协作。

保险公司根据投保主体的各方面实际情况，开发设计相应的保险产品，内容主要涉及目标价格、赔付条件以及保费等。保险+期货产品设计如表5-4所示。

表5-4 保险+期货产品设计

产品名称	××农产品价格保险
投保人	××农村合作社
保险标的	××农产品期货合约价格
投保数量	×××吨
目标价格	×××元/吨
保险期限	××天
结算价格	保险期限内××期货每日收盘价和目标价格之间较小值的算术平均值
理赔金额	（目标价格-结算价格）××××吨
保险费	××元/吨

（二）保险公司向期货公司（风险管理子公司）购买场外期权阶段

保险公司获得投保主体缴纳的保费，同时承担了承保主体面临的价格风险。为转移风险，保险公司向期货公司（风险管理子公司）购买对应条件的场外期权合约，并支付权利金。在这个环节，期货公司（风险管理子公司）通常会参与进来。

（三）期货公司（风险管理子公司）进行产品设计以及实施对冲阶段

期货公司（风险管理子公司）根据保险公司保险产品的条款，开发设计相应的场外期权合约。场外期权合约的设计涵盖标的资产、期权类型、执行价格、期权费等要素。期货公司（风险管理子公司）向保险公司卖出场外期权后，承担了保险公司面临的价格风险。为规避风险，期货公司（风险管理子公司）通过复制期权操作在期货市场中不断进行风险对冲操作，直至期权到期，最终将风险通过期货市场分散转移。

（四）到期结算赔付阶段

项目到期后，若价格对投保主体不利，投保主体向保险公司提出索赔；保险公司向投保主体赔偿损失，同时执行场外期权合约，获得期货公司（风险管理子公司）支付的期权结算金额；期货公司（风险管理子公司）平仓了结，最终实现风险分散、各方收益的闭环。

【多说一句】

保险+期货模式之所以存在，是因为大部分农业经营者不懂如何利用衍生品进行风险规避。假设农业经营者知道如何用衍生品进行套期保值，那么保险+期货模式将简化为农业经营者直接参与各类场内场外的衍生品市场。然而，现实中衍生品市场存在相当多的市场壁垒，如专业知识、资金、市场准入条件等限制，导致农业经营者无法高效便利地参与到衍生品市场中。

三、保险+期货的作用

自 2016 年开始，保险+期货已逐步在我国多地成为帮助分散农产品市场价格风险的重要手段。

长期以来，农产品市场"看天吃饭"，价格风险一直缺乏有效的对冲手段。保险+期货模式融合发挥保险业与期货业各自的优势，将期货市场功能发挥和农业风险管理相融合，让涉农企业、农民专业合作社以及农民通过金融工具来规避价格风险、保障收益，提升生产积极性，助力产业稳定发展。

作为一种保险产品形式，保险+期货运作机制是保险人和被保险人通过保险合约约定一个目标价格，设定目标价格时会考虑农户的生产成本、人工成本以及一定范围内的稳定收益，保障农民一年辛苦不会白费。在保险期限内，投保主体通过对比结算价格和目标价格，一旦触发理赔条件，则中间的差价由保险公司赔偿。

"保险+期货"模式改变了传统期货公司和保险公司各自为战的不足，将期货公司对冲价格波动风险的专业能力与保险公司丰富的保险产品研发经验和保险客户基础优势相结合，既发挥了期货公司的专业能力，为服务"三农"、服务实体经济寻找到了新的途径，又丰富了保险产品的种类，最终实现农户、保险公司、期货公司三方共赢，从而稳定农户收益。

四、案例介绍

（一）项目背景

安徽省亳州市利辛县于 2000 年被确定为国家级贫困县。由于基础设施差、工业底子薄，贫困发生率高，利辛县脱贫难度大。利辛县在十多年来深耕现代农业产业的不懈努力下，终于在 2019 年 4 月实现"脱贫摘帽"，种植和养殖也成为利辛县特色脱贫之路。受到利辛县养殖产业的拉动作用，大豆种植产业成为利辛县的农业支柱产业。本案例的项目（以下简称"本项目"）服务对象为安徽省亳州市利辛县区域的 15 924 户大豆种植户，覆盖大豆种植面积约 7.95 万亩，占利辛县大豆年产量的 100%。

（二）产业背景及投保主体风险管理需求

大豆具有蛋白质食物原料和油料双重属性，是我国重要的农产品之一。随着居民消费结构升级，我国大豆需求快速增加。为提升国产大豆自给水平，农业农村部从 2019 年起实施大豆振兴计划，我国大豆产量上升明显。安徽省尤其重视推动大豆产业加快发展，近年来大豆产量位居全国前三位，亳州市大豆产量占安徽省大豆产量的 20% 左右。

作为全球性农产品，大豆容易受国际、国内多重因素影响，价格波动较大。在农业市场化改革的大背景下，国内大豆种植成本持续上升、大豆减产频发、种植收益无法得到保障等已成为制约大豆产业发展的突出问题。利辛县种植户每年种植大量大豆，担心在收获期大豆市场价格下跌或产量下降使得种植利润遭受损失，因此希望对大豆上市期的农户收入提供保障。本项目总保费的 43% 由安徽省财政厅支持，总保费的 50% 由大连商品交易所支持，大豆种植户只需自缴总保费的 7%，有助于促进我国大豆产业健康稳定发展。

（三）保险公司产品设计阶段

利辛县农业经营主体种植大豆后，向保险公司购买大豆收入保险，抵御大豆减产以及收获后大豆价格下跌的风险，保障预期收益。保险公司出单后，向期货公司风险管理子公司购买场外期权转移价格风险，期货公司风险管理子公司将风险转移至期货市场。

2020 年 3~6 月，太平洋财险、华西期货风险管理子公司（华期创一）与当地政府联系，推动该项目成立。

2020 年 6~8 月，由于长江中下游地区强降雨情况严重，安徽省亳州市利辛县当地大豆的最佳播种时间为 6 月下旬至 7 月上旬，在大豆的整个适播期内安徽省都处于持续性强降雨过程中，严重影响大豆的正常播种，最终利辛县实际测得播种面积为 7.95 万亩。因此，在本项目中，太平洋财险承保了 79 471 亩（0.79 万吨）大豆种植土地的大豆收入保险，保险期限为 2020 年 8 月 14 日至 2020 年 12 月 14 日，保险目标价格为 4 660 元/吨。针对农户对保障种植收益这一需求，华期创一联合太平洋财险设计了一款大豆收入保险产品。具体保险要素如表 5-5 所示。

表 5-5　具体保险要素

项目	要求
保险期限	4 个月
目标价格	期货合约价格加上一定比例基差 （安徽大豆在完整粒率指标上符合标准品要求，在蛋白质含量与水分含量上高于标准水平，现货价格长期保持升水。为使目标价格贴近当地现货销售价格，在与大豆种植户、农业农村局协商后，本项目设定下单时大豆期货行情为目标价格，加上当地大豆固定基差为 0.345 元/千克，最后确定目标价格为 4.66 元/千克）
目标产量	约 0.1 吨/亩
承保数量	79 471 亩
保险责任水平	85%
目标收入	目标收入＝目标价格×目标产量×保险责任水平＝396 元/亩 （目标收入基本与当地种植户现货销售收入持平）
保费费率	9%
保险费	保障水平为 396 元/亩，总保费合计约 2 832 346.44 元 75% 用来购买场外期权进行大豆价格风险转移 （保费资金由大连商品交易所支持 50%，安徽省各级财政支持 43%，农户自缴 7% 组成）
实际收入	实际收入＝实际产量×实际价格
实际产量	国家统计局亳州调查队统计数据显示， 利辛县 2020 年大豆平均单产 87.27 千克/亩（0.087 27 吨/亩） （大豆收获时由利辛县人民政府组织的国家统计局利辛县调查队、种植户代表、农业部门技术人员构成的测产小组对产量进行的综合测定。2020 年，利辛县的大豆于 10 月后出产，利辛统计局独立调查队于 10 月开始各地抽样称重测产）
实际价格	标的期货大豆合约存续期最后一个月， 每日收盘价的算术平均值＋下单时固定基差
每亩理赔金额	每亩理赔金额＝目标收入－实际收入 目标收入＝目标价格×目标产量×保险责任水平 实际收入＝实际产量×实际价格

（四）期货公司进行产品设计以及实施对冲阶段

根据投保人规避价格下跌的风险管理需求，华期创一设计了一款半亚式平值看跌期权，期权成本相对于普通欧式看跌期权更低，同时降低了单日期货价格波动造成的影响。期权产品的核心要素如表 5-6 所示。

表 5-6　期权产品的核心要素

挂钩标的	大连商品交易所大豆期货 A2101 合约
期权类型	半亚式看跌期权
期权起始日	2020 年 8 月 14 日
到期时间	2020 年 12 月 14 日
执行价格	4 315 元/吨
行权方式	如果期权存续期最后一个月 A2101 合约收盘价均值小于执行价格，按照执行价格和最后一个月收盘价均值的差值进行赔付

（五）到期结算赔付阶段

保险产品对应的场外期权的采价期为 2020 年 11 月 16 日至 2020 年 12 月 14 日。采价期价格持续上涨，该场外期权处于深度虚值。场外期权到期后，期权行权价为每吨 4 315 元，采价期的结算基准价为每吨 5 475.29 元。因此，本项目对应的场外期权未产生赔付。

【多说一句】

本案例虽然最终并未产生赔付，但可以看出，在保险+期货的推广普及的初级阶段，期货交易所及地方财政为推广此项风险管理工具，承担了绝大部分保费，实际上由农户支出的保费占比极其有限。此举极大地减轻了农户参与保险+期货的财务负担。同时，将大豆收成后的一个月销售期的价格进行平均保护，可以更好地防范了期货价格偶然性波动的风险，通过保险+期货加大了农户获赔概率的同时，也帮助其降低了在销售期间受价格不利方向波动的消极影响，更有利于产业帮扶。

第三节　仓单服务

一、什么是期货标准仓单

期货标准仓单是指由期货交易所统一制定的，交易所指定交割仓库在完成交货商品验收、确认合格后发给货主的实物提货凭证。标准仓单自交易所签发之日起有效。

注册仓单是指当现货商把符合交割标准的货物交付至期货交易所交割库，交割库检验合格后，给货物持有人开具标准仓单，货物持有人可以拿着标准仓单到交易所交割部办理注册手续。根据交易所的规定，商品只有符合期货交割要求并经过检验注册入库后，方才可以成为仓单，从而参与期货交易。标准仓单是期货库存数据的重要组成部分，也是判断市场行情的重要信息依据之一。除此之外，已经注册的仓单还可以办理注销，也就是我们所说的注销仓单。某个合约进行交割时，需要办理仓单注销及出库手续，此时这些仓单对应的货物就流入现货市场当中。但是，并不是所有的仓单注销都意味着货物进入现货市场。由于仓单与期货价格之间存在一定的关系，因此产业客户利用仓单注销来改变市场对价格的预期。在某些情况下的仓单注销，对应的货物可能并未出库，仍然存放在交割仓库内，只是不在期货交易所统计范围之内。

在了解仓单知识时，我们还需要特别关注"有效预报"的概念。有时现货商入库后拿到标准仓单并不注册，因为注册是需要缴纳一定费用的，其可能在价格合适的时候直接把仓单卖出去，这时交割仓库的库存里就有注册的仓单和未注册的仓单，注册的仓单就是交易所公布的仓单数量，未注册的仓单就是"有效预报"仓单。

【多说一句】

　　因为生成仓单是要向交易所申请的，所以我们关注库存时同时也要关注有效预报（"准仓单"）。我们应如何通过仓单来判断期货的升贴水呢？仓单越大代表库存越多，价格就越容易下跌；仓单越少代表库存越少，价格就越容易上涨。当然在实际情况中，我们还需要结合库存变化趋势来判断仓单数量变化对行情造成的影响。

二、仓单服务的发展背景

　　近年来，我国以农产品、能源化工、有色金属和黑色系产品为代表的大宗商品期货交易蓬勃发展，期货定价能力也有了显著提高，实体企业参与度越来越高，由此带来企业将大量货物存放在交易所标准交割仓库，制成期货标准仓单。一些与我们生活息息相关的大宗商品的期货仓单量和有效预报量甚至超过了社会库存的一半以上。

　　与此同时，随着我国经济增速放缓，企业融资难度逐步增大，数目庞大的标准仓单都表现出了强烈的变现和质押需求。由于期货交易具有合约标准化、合约无法长期持有以及到期必须交割的特性，从而逐步形成了期货交割的时间固定性与实体企业生产经营的连续性之间的矛盾以及品种的标准化与实体需求的多样化之间的矛盾。仓单交易服务业务就是在这样的需求下产生出来的，能在一定程度上解决客户运作资金短缺、参与期货交割品质以及交割地点不确定等问题。

三、仓单服务的概念

　　仓单服务是指根据各企业的不同需求，通过仓单销售、收购、串换等业务，或者帮助企业在现货市场组织货源、生成标准仓单销售给企业，或者通过期货市场交割获取仓单并转手给企业，或者在收购企业仓单后，按照合同约定在一定时期后由企业购回，或者根据企业的特定需求在不同企业间进行仓单互换，由此获取差价收益或服务收益的业务模式。

　　仓单的收购、购回、销售都是基于标准仓单的购销业务，是通过期货公司与企业共同制定仓单业务协议书，并按照约定实现仓单的交割、购销。其中，仓单串换、仓单质押、期转现是三大主要形式。

四、仓单服务的主要类型

（一）仓单收购业务

　　仓单收购业务是期货公司（风险管理子公司）收购客户手中的标准仓单，同时在期货市场上卖出套期保值操作，利用交割的方式来锁定价差利润的一种业务模式。

　　该方式主要是帮助企业满足资金周转、做大贸易量、提前交割需求以及缓解卖方企业在临近交割月的期货保证金逐步提高的资金压力。

　　仓单收购业务由于是一次性结付，因此所需资金量较大。仓单收购业务常用的处置方式是通过期货市场卖出保值交割，但需要把握好基差的计算和时机。仓单收购业务具体的操作模式相对比较简单——收购仓单、卖出交割。费用分担以仓单转让为界限，比较清晰。仓单收购业务面临的主要风险如表 5-7 所示。

表 5-7　仓单收购业务面临的主要风险

风险	内容
升贴水报价风险	期货公司对升贴水的报价直接决定仓单收购业务的利润
财务风险	当价格大涨时，增值税的增加可能吞噬利润
流动性风险	当贸易量急剧增大时，可能出现现金流不足的风险
保证金风险	当价格不利变动时，期货头寸面临保证金不足的风险
其他风险	合同风险、政策风险等

【多说一句】

在仓单收购业务中，期货公司（风险管理子公司）的收益主要来自升贴水（基差）中的期望收益，并且这个收益是相对比较稳定的。在国外，此业务为投资银行自营收益的一部分，同时也是农业大户与银行间关系建立的重要基础之一。

（二）标准仓单注册业务

标准仓单注册业务是指企业缺少资金却又想在现货市场购买货物后注册成标准仓单，企业可以向期货公司（风险管理子公司）支付一定比例的资金，之后协助期货公司（风险管理子公司）在现货市场购买货物和注册标准仓单，期货公司（风险管理子公司）持有标准仓单，并在期货市场上进行套期保值。当期企业归还货款后，期货公司（风险管理子公司）转让标准仓单给客户并将期货市场中的套期保值头寸同步平仓。

标准仓单注册业务主要是解决企业的资金周转问题以及解决企业对期货交割制度或流程不熟等问题。

【多说一句】

在仓单注册业务中，期货公司（风险管理子公司）的收益主要来自资金利息和服务费。根据子公司投入资金的大小和占用时间的一定比例收取资金利息。期货公司（风险管理子公司）帮助客户注册仓单还可以收取一定的服务费。

（三）仓单回购业务

仓单回购业务是指企业与期货公司（风险管理子公司）签订回购协议，约定好回购的价格、时间以及回购费用。之后期货公司（风险管理子公司）根据协议向企业支付订金，双方在交易所进行仓单所有权的转移变更，并预留出回购费用、仓储费等其他费用后支付余款。按照标准化的操作流程，资金的流转应当对应增值税发票的流转。同时，期货公司（风险管理子公司）在协议期间内取得标准仓单所有权以后，可以对仓单进行自由操作。

例如，期货公司（风险管理子公司）通过交易所或银行进行二次融资，只需保证协议到期时能够提供相应数量和品种的仓单即可。

仓单回购业务可以解决企业在注册仓单后，短期缺乏流动资金周转但后期还是对仓单有需求的情况。

> **【多说一句】**
>
> 在仓单回购业务中，期货公司（风险管理子公司）的收益主要来自在仓单买卖过程中赚取的中间价差收益。在仓单回购业务中，企业对仓单的回购价格一定要大于期货公司（风险管理子公司）的买入价和操作所需的费用。

（四）仓单销售业务

仓单销售业务是指期货公司（风险管理子公司）通过对期货市场和现货市场价格的实时追踪，在期货市场上以合适的价格向下游采购企业报价，以谋求为企业创建一个多元化的原料采购平台，帮助企业盘活资金，提高资金利用率的业务模式。

> **【多说一句】**
>
> 仓单销售业务的盈利主要来自销售利润。在期货公司（风险管理子公司）仓单销售的价格形成机制中，销售报价由期货市场价格、操作成本和销售利润三个方面组成。其中，期货市场价格是期货公司（风险管理子公司）进入期货市场操作时合约的买入价格；操作成本主要由期货公司（风险管理子公司）期货市场运作中的交易手续费、保证金、利息、增值税等费用组成；销售利润根据企业资信评级结果以及业务规模进行综合评定。

（五）仓单串换业务

仓单串换业务源自企业的需求，期货公司（风险管理子公司）一直将仓单串换业务作为个性化服务项目来操作，可以理解成为企业搭建一个服务平台，将企业的资源和需求进行对接。根据企业的不同需求和目的，仓单串换业务可以分成两种操作方式：一种是以交换非通用仓单交割仓库为目的，称为仓单交换平台；另一种是以仓单购销为目的，称为仓单交易平台。

仓单交换平台主要解决企业在交割过程中，由于接到的仓单比较分散或交割库较远所导致的不便于集中出库或销售的问题，由此产生了仓单串换的需求。其操作方式比较简单，参与的两方企业均持有仓单，双方签订仓单转让协议，通过交易所的电子仓单系统协助双方客户交换仓单对应的交割库即可。这是一个双向转让的过程，不涉及货款和发票的流转。

> **【多说一句】**
>
> 仓单交换平台的收益来源主要有两个方面：一是向企业收取仓单转让的手续费；二是由于仓单对应的交割库区不同，可能存在一定的地域升贴水，从而产生基差收益。

仓单交易平台主要是满足企业间进行的仓单购销需求。一方企业持有仓单，期货公司（风险管理子公司）可以作为中间人，对掌握的企业客户资源进行配对，收取仓单转让费用。同时，期货公司（风险管理子公司）也可以作为其中一方的对手方，直接参与到购销业务中，其具体操作参考仓单收购业务流程。

【多说一句】

仓单交易平台的收益来源有三个方面：一是向企业收取仓单转让手续费，二是收取仓单交易服务费，三是获得一买一卖之间的中间价差收益。仓单交易平台各项功能不仅满足企业与企业之间的购销需求配对需求，更重要的是进一步提供企业经营风险转移及经营策略多样化的机会。

（六）仓单质押业务

仓单质押业务，即标准仓单质押融资，是指以标准仓单质押为主要担保方式，银行基于一定的质押率和质押价格向融资申请人发放授信，用于满足其流动资金需求或用于其满足标准仓单实物交割资金需求的一种短期融资业务。仓单质押业务的流程如图5-2所示。

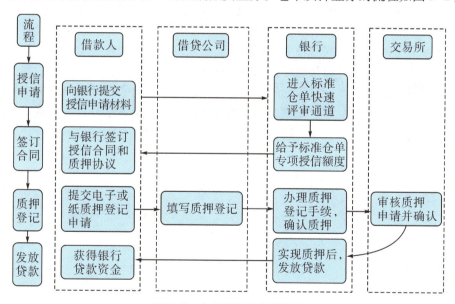

图5-2　仓单质押业务的流程

开展仓单质押业务既可以解决货主企业流动资金紧张的困难，又可以保证银行放贷安全，还能拓展仓库服务功能、增加货源、提高效益，可谓"一举三得"。首先，对于货主企业而言，其利用仓单质押向银行贷款，可以解决企业经营融资问题，争取更多的流动资金周转，达到实现经营规模扩大和发展、提高经济效益的目的。

【多说一句】

　　仓单质押业务多适用于商品流通企业，有效解决了企业的担保难问题。企业在无固定资产作为抵押，又寻找不到合适的保证单位担保时，可以凭自有的仓单作为质押物向银行贷款，缓解企业因库存商品而造成的短期流动资金不足的状况。质押仓单项下货物允许周转，可以采取以银行存款置换仓单和以仓单置换仓单两种方式。

（七）期转现业务

　　期转现业务，即期货转现货业务，是指持有同一交割月份合约的多空双方之间达成现货买卖协议后，转变期货部位为现货部位的交易。

　　在期货中使用期转现业务，有利于生产经营企业、加工企业和销售企业顺利取得现货，节约搬运、整理和包装等费用，有利于帮助企业降低交割成本；同时，期转现业务能够满足加工企业和生产经营企业对不同品级货物的要求，生产经营企业和加工企业可以灵活地选择交货地点，降低了交货成本，弥补了期货标准化过程中失去的灵活性。除此之外，期转现业务既可以使生产经营企业和加工企业规避价格风险，又可以使企业提高资金利用效率。加工企业如果在合约到期集中交割，必须一次拿出几百万元甚至上千万元购进原料，增加了库存量，一次性占用了大量资金。期转现业务可以使加工企业根据加工需要，分批分期地购回原料，减轻了资金压力，减少了库存量。生产经营企业可以提前和分批收到资金，用于生产。期转现业务还可以使买卖双方在确定现货买卖价格的同时确定相应的期货平仓价格，由此可以保证期货市场和现货市场风险同时锁定。虽然远期合同交易也可以回避价格风险，但是使企业面临着违约、流动性和被迫履约问题。期货交易虽然没有上述问题，但是在交割品级、交割时间和地点的选择上没有灵活性，而且成本较高。期转现业务吸收了上述交易的优点，同时又解决了上述交易中存在的问题。期转现业务流程如图 5-3 所示。

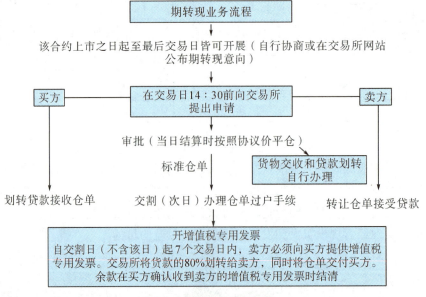

图 5-3　期转现业务流程

第四节　合作套保

一、合作套保的市场需求

随着我国期货市场的不断完善，上市品种不断丰富，越来越多的大宗商品上下游企业认识到期货作为风险管理工具的重要性，希望通过参与期货市场进行风险管理，对冲现货端的价格变动风险。仅在 2022 上半年，我国 A 股市场就有超过 850 家上市公司发布了参与期货市场套期保值的公告。

运用期货市场进行风险管理，专业化程度较高，各种套保策略较为复杂。部分企业参与期货市场进行风险管理时，受制于专业人才、技术、资金以及政策和流程等各种因素的限制，在一定程度上影响了套期保值（简称"套保"）的效果，影响了企业参与期货市场的积极性。

二、合作套保的概念

合作套保业务是指企业与期货公司（风险管理子公司）签订合作协议，当企业需要通过期货市场建立套期保值头寸时，期货公司（风险管理子公司）会为企业提供"一对一"套期保值服务及风险管理服务的业务模式。这是期货公司深入参与企业经营活动，发挥期货管理风险作用的最佳方式。

在现实中，每个企业都有自己不同的经营特点和独特的风险管理需求，这也就要求期货公司（风险管理子公司）参与到企业的经营环节中，针对不同企业的问题和风险管理需求，制订出个性化的风险管理方案，最大限度地帮助企业改善经营中的风险环境，在相对较长的时间里帮助企业实现利益最大化的目标。

期货公司（风险管理子公司）可以帮助实体企业在期货市场的套期保值过程中提供交易、风险控制等方面的指导，弥补企业操作经验方面的不足，有利于套期保值目标的实现。

三、合作套保业务的类型

合作套保根据合作的程度不同可以划分为两个类型，即专业服务型合作套保和业务产品化型合作套保。

专业服务型合作套保是指期货公司（风险管理子公司）提供部分资金支持，为企业提供交易与风控指导。

业务产品化型合作套保是指企业购买期货公司（风险管理子公司）的风险管理产品，将套期保值操作整体打包给期货公司（风险管理子公司）来操作。

第五节　基差贸易

一、基差交易的相关概念

基差是指某一特定商品在某一特定时间和地点的现货价格与该商品在期货市场的期货价格之差。随着点价交易的出现，一种将点价交易与套期保值结合在一起的操作方式也随之出现，即基差交易。

基差交易是指以某个月的期货价格为计价基础，以期货价格加上或减去双方协商同意的基差来确定双方买卖现货价格的交易方式。基差定价是以期货价格为基础的一种定价模式。在发达国家，大宗商品贸易定价基本上都是通过基差交易来实现的。这种模式的有利之处在于买卖双方只需在期货价格的基础上，谈判一个品质或交割地的升贴水，不仅成交价格公开、权威、透明，而且大大降低了交易成本。不管现货市场上的实际价格是多少，只要套期保值者与现货交易的对方协商得到的基差正好等于开始做套期保值时的基差，就能实现完全套期保值，取得完全的保值效果。如果套期保值者能争取到一个更有利的基差，套期保值交易就能盈利。基差交易的实质是套期保值者通过基差交易，将套期保值者面临的基差风险通过协议基差的方式转移给现货交易中的对手，套期保值者通过基差交易可以达到完全保值或盈利保值的目的。基差交易在国外运用得十分广泛。由于期货价格现在已经被视为反映现货市场未来供求的权威价格，因此现货企业更愿意运用期货价格加减基差，作为远期现货交易的定价依据。特别是在一些大型交易所中，许多现货企业都会参与期货市场交易，它们参与期货交易的主要目的就是套期保值。

基差交易业务是根据市场、商品、时间等要素的组合形成的不同商品之间价格高低的变化获取直接受益或对冲风险受益的业务。该业务同时还具有对市场不合理的基差结构纠偏的功能。基差交易业务包括跨期套利、期现套利、跨市场套利。

二、基差交易的主要类型

（一）跨期套利

跨期套利是指在同一期货品种的不同月份合约上建立数量相等、方向相反的交易头寸，最后以对冲的方式结束交易，进而获得收益的方式。

跨期套利原理就是通过判断同一品种两个合约之间的价差是扩大还是缩小的趋势，进行买近卖远，或者卖近买远的交易策略，进而获利。价差的变化是具有一定趋势性的，不会像单个合约变化得那么突然。同时，相对于单边持仓过夜而言，跨期套利持仓需要承担的隔夜风险也会更小一些。

这种交易方式对套利新手相对比较友好，不用过分在乎市场的涨跌，只需关注两个合约之间的价差变化即可。

根据买卖的交割月份及买卖方向的差异，跨期套利可以分为牛市套利、熊市套利、蝶式套利三种。

【多说一句】

投资者在进行牛市套利时，买入近期交割月份的合约，同时卖出远期交割月份的合约，期望近期合约价格的上涨幅度大于远期合约价格的上涨幅度（买近卖远）。

熊市套利则相反，投资者卖出近期交割月份的合约、买入远期交割月份的合约，并期望远期合约价格的下跌幅度小于近期合约的价格下跌幅度（卖近买远）。

基差＝现货价格－期货价格。若现货价格低于期货价格，基差为负值，就是负基差；若现货价格高于期货价格，基差为正值，就是正基差。

（二）期现套利

期现套利是指在期货和现货之间进行的套利，顾名思义就是根据期货和现货之间存在的价差进行套利。由于期货合约的属性，在临近交割的时候，期货价格必然会和现货价格相同，因此当期货合约和现货之间存在价差的时候，投资者就可以进行无风险套利。

当基差为负且基差的绝对值大于持有成本时，套利者可以进行正向期现套利，即在买入或持有现货的同时卖出同等数量的期货，在期现价格收敛时择机卖出现货并结束期货头寸；当基差为正且基差的绝对值大于持有成本时，套利者可以进行反向期现套利，即构建现货空头和期货多头。由于现货市场上不存在做空机制，所以反向套利受到较大限制。在现实中，一般情况是有闲置库存的现货企业看到期货价格比现货价格低，为了降低成本，进行反向套利，即在现货市场卖出现货，同时在期货市场买入远期合约。这样，企业不仅能节省仓储成本，而且由于保证金制度的存在还可以节省资金成本。

（三）跨市场套利

跨市场套利是指在某个市场买入（或者卖出）某月份的某种商品合约的同时，在另一个市场上卖出（或者买入）同种商品相应的合约，以期利用两个市场的价差变动来获利。跨市场套利的品种一般为国际化程度较高的品种，如有色金属类的铜、铝、锌等，农产品类的大豆等。

跨市场套利相对比较复杂，需要考虑汇率变化、进口与出口的环节和相应费用、两个市场的期限结构等。简单来讲，在考虑贸易的情况下，判断跨市场套利是否可行的标准是进口盈利或出口盈利；在不考虑贸易的情况，在一定时期内可以设定一个经验值进行判断。

三、基差贸易的概念

基差贸易主要是指期货公司（风险管理子公司）以确定价格或以点价、均价等方式提供报价并与客户进行现货交易的业务行为。也就是说，期货公司打破了原有的单一通道业务结构，通过风险管理子公司参与现货贸易，再结合期货市场、期货方面的专业能力为实体企业提供综合的、个性化的服务。

目前，期货风险管理行业通过基差贸易演变出了多种服务实体企业的手段，如定价模式。传统的贸易主要是一口价模式，而基差贸易除一口价模式外，创新了期货价格+基差的定价模式，使得定价更为灵活。例如，在购销渠道方面，风险管理子公司通过期货市场，既能成为实体企业的客户也能成为实体企业的供货商。又如，在库存管理、资金管理方面，风险管理子公司具有专业的风险管理能力，通过远期定价、远期交（提）货能实现企业零库存管理，降低资金占用压力，有效解决企业短期资金困境（特别是对于中小企业而言）。

在具体操作上，期货公司（风险管理子公司）参与到实体产业链中进行基差贸易，企业需要与期货公司（风险管理子公司）签订基差贸易合同。合同定价采用期货价格+基差方式，期货价格是根据期货市场对应的合约，由实体企业进行确定的。基差由期货公司（风险管理子公司）根据期货市场和现货市场情况进行确定。合同签署后，企业既可以选择即时定价也可以选择延期定价，可以一次性定价也可以分批定价。因此，企业无需担心未来价格波动的风险，有购销渠道保障的前提下只需要确定价格符不符合企业经营管理需求即可。通过期货市场定价，价格公开、透明、灵活性强，规避了随行就市定价的局限性。合同交货约定既可以选择即期也可以选择远期，既可以选择一次性也可以选择分批，这样就免除了企业的囤货需求，为企业实现零库存管理提供了基础，同时减少了资金的占用，能有效降低企业的运营成本。

> **【多说一句】**
>
> 企业通过基差贸易可以帮助其在经营过程中解决以下问题：第一，价格管理问题。基差贸易中采销定价的灵活性，能有效协助实体企业锁定产品的销售利润、原材料的采购成本。第二，库存管理及资金利用率问题。基差贸易带来的交（提）货的灵活性、定价的灵活性，能降低企业的囤货需求，减少对资金的占用，提高资金利用率。第三，参与套保难的问题。有了基差贸易，企业无需参与期货市场套保，套保由期货公司（风险管理子公司）完成，解决了企业建立套保制度、寻求套保人才的需求，免除了参与套保后因价格向不利方向变动需要追保而带来的资金压力。

第六节　做市商

一、期货做市商的概念

期货做市商是指经交易所认可的法人机构，利用自有资金为指定的期货、期权等衍生品合约提供连续报价或回应询价，作为交易对手方，为市场提供流动性服务的业务行为。做市商的盈利主要来自双边报价的买卖价差。

期货做市商制度是一种市场交易制度，它由期货做市商不断地向期货市场的投资者提供买卖价格，并按其提供的价格接受投资者的买卖要求，以其自有资金与投资者进行交易，从而为市场提供即时性和流动性，并通过买卖价差实现一定利润。简单来说，做市商对指定期货或期权标的报出价格，买卖双方不必等到市场中的交易对手出现，就能按这个价格买入或卖出。

【举个例子】

关于做市商的作用，其实我们在生活中经常会遇到类似问题，比如某个精品小区的业主正准备出售他们手中持有的房产，他们的心理价位是 500 万元/套，但此时买方考虑政府可能会在短期出台一些房地产的利空政策，进而形成对房价的抑制作用。该精品小区的房产在市场上挂牌后无人问津，一直处于零成交的状态。此时，房产的卖方只有两个选择：一是将房产降价后再挂牌观望，二是继续按原有价格挂牌等待成交。而做市商此时就扮演了一个随时可以买入房产的角色，它可以帮助卖方快速拿到现金，只是它愿意支付的价格可能要低于卖方的价格预期。在这个例子中，做市商在介入交易后，该地段房产的成交马上趋于活跃化，做市商的出现一方面解决了卖方无法快速成交的问题，另一方面快速增加了市场的流动性，帮助该地房地产市场解决了很多成交难题。

【多说一句】

假设做市商以 6 100 点卖出一手大豆期货合约，同时又以 6 095 点买入一手合约。如果都成交，做市商便获得了 5 点利润。如果当时合约价格持续走高或走低，做市商没有对手方能够成交，这时就不得不提高自己的买价或降低自己的卖价进行交易，做市商就会亏损。因此，做市商并不是稳赚不赔的。

二、做市商制度对期货市场的作用

长期以来，国内期货市场大部分品种都存在不同程度的连续性不足问题及近月合约不活跃、主力合约不连续的现象，期货市场的参与者主要集中参与 1 月、5 月、9 月合约交易，在一定程度影响了期货市场功能的发挥。

这些期货合约连续性不足带来的影响主要表现在以下五个方面：

第一，企业利用期货市场时存在现货库存逐月保值、交割不便的问题。

第二，投资管理服务类机构利用场内市场进行有效的风险对冲和风险管理的需求受到限制。

第三，品种未能形成平滑的远期价格曲线，导致市场无法利用期货价格进行点价和定价。

第四，合约间价格、期货市场与现货市场价格、国内外市场价格联动性不强，价格影响力不足。

第五，合约交易、持仓高度集中于少数月份，容易造成市场风险聚集等。

针对期货合约连续性不足的问题，国内的商品期货交易所也采取了一些措施，主要包括调整不活跃合约交易手续费、建立指定交易商制度和仓单服务商制度、调整合约挂牌方式等，但对实现改善合约活跃度和连续性的目标仍有待加强。

交易所在引入做市商制度后，大幅增强了改善合约连续性的可能。做市商制度的核心功能可以归纳为三类：提供市场流动性、价格发现和稳定市场。首先，做市商具有维持买卖双向报价的义务，由此保持了市场的流动性，不会出现没有买卖对手而无法交易的现象。其次，做市商本身具备一定的专业能力，在综合自身资金、头寸以及对市场各类信息判断的基础上进行估值和报价，提供的报价更加贴近市场真实水平，具有参考性和吸引力。最后，做市商提供流动性和定价，有利于减少价格不合理波动，更好地处理大额交易指令，从而保持价格的稳定性和连续性。

【多说一句】

近年来，我国三大商品期货交易所（上海期货交易所、大连商品交易所、郑州商品交易所）已陆续在几十个重要期货、期权交易品种中引入了做市商制度。

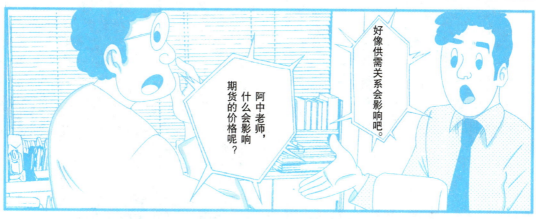

好像供需关系会影响吧。

阿中老师，什么会影响期货的价格呢？

不错，有很多因素都会影响期货的价格，而我们去分析价格的变化趋势叫做基本面分析。

基本『面』？可以吃吗？

乔乔说得很好，基本面还有很多，如成本因素、季节因素、交易者的心理因素都是我们重要的分析方面。

就想着吃，基本面是指基本的层面，比如宏观因素、供需关系等，这些都是从最基本的层面去分析。

那这些能判断准确吗？

任何事物都有它的优缺点，我们要客观去看待它。

基本面分析具有综合性，能让我们得到相对全面有效的结论并指导实际的投资活动，有利于我们进行更精准的判断。

但是，这个数据具有滞后性，而且获取的数据相对较为准确。

且想获得一手资料往往成本较高，最后也需要投资者素养足够高才能好好分析出来。

那我们还没有资格进行基本面分析呢。

所以我们要好好学习，努力提升自己！

第六章　知晓宏观，巧用基本面

投资人在进行股票、期货或期权操作时，基本面要素的重要性是不言而喻的。那么，什么才是基本面呢？本章将要介绍投资人在基本面分析、宏观要素、政策因素、经济周期、供需关系、出口量、成本因素与心理因素等内容，让读者简要地把握什么是基本面。本章从内容架构的理解到实例认知，让读者知道如何分析基本面。

在基本面分析中，不管是小到交易商品品种的微观数据、宏观数据，大到国家、产业的微观数据、宏观数据，它们都是随时随地在改变的，在变动中产生不同的交易环境。因此，投资者在使用基本面分析时，必须保持客观心态，看待每一个数据的变化所代表的意义及其与整体市场变动过程的趋势性，才能进行有效的趋势追踪，进一步通过对基本面趋势的理解，再结合市场面分析技术与技巧，从而尽量做到有效掌握全局。在这个基础上，投资者的交易策略才能有效发挥，进而得到有价值的操作结果。

第一节　基本面分析

基本面分析是一种通过分析期货标的资产供需结构变化及价格影响因素来预测期货价格变动趋势的方法。期货市场的价格波动主要受市场供需变化的影响，进而对心理预期产生影响。通俗地说，任何减少供应或增加消费的因素，都将导致价格上涨；反之，任何增加供应或减少消费的因素，都将导致价格下跌。受全球经济一体化及信息传递速度加快的影响，一些非供求因素也对期货价格的演变起到越来越大的作用，这就使得投资市场变得更加复杂，更加难以预料。

现代期货市场因操作策略不断迭代，各种交易方式层出不穷。目前，主流观点坚持以量化交易思维为主轴，强调去除人为心理因素影响，让期货交易更加理性。这种观点带动了以价格因子为主的交易手法，而基本面分析便成了更加专业避险者的代名词。基本面分析基础知识如图 6-1 所示。

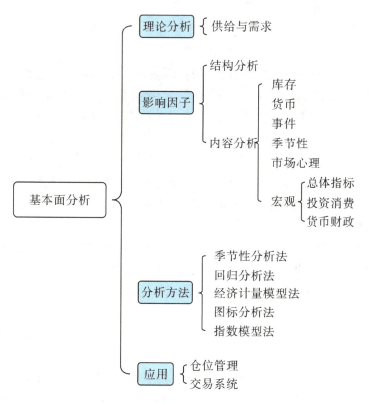

图 6-1　基本面分析基础知识

在全球范围内的金融市场中，我们对市场行情走势的判断仍然离不开对基本面与市场面的研究分析。对商品期货，我们首先需要理解的是基本面相关因子与数据变化，关于基本面的优劣分析更是至关重要的，尤其是针对有避险需求的实体企业而言。可以说，企业如果无法对基本面数据进行分析，那么在避险对冲方面是很难制定既合乎逻辑又合乎交易理性的交易对冲策略的。

通俗地讲，基本面分析就是对影响期货价格内在因素的分析，其分析层面又可以分为经济学、金融学、统计学、投资学以及投资心理学等层面。一般来说，影响价格变化的基本因素有宏观因素、政策因素、经济周期、供需关系、季节性因素、成本因素、心理因素等。

一、宏观因素

（一）宏观经济

对宏观经济进行研究就是对国民经济现状进行研究，即在当前政策制度下，分析国民经济的总量变化，研究国民收入变动与通货膨胀、就业和经济增长之间的关系。对宏观经济分析的核心就是对宏观经济指标的分析，宏观经济指标的变动反映了国民经济的整体情况。期货投资中的宏观分析就是以宏观经济理论为基础，建立对应的分析框架，根据各种经济指标的变化，分析经济运行变化及其对期货市场价格的影响。

（二）国内生产总值

国内生产总值（GDP）是指一个国家或地区在一定时期内生产所有最终产品与服务的市场价值。追求 GDP 的稳定增长是全球各国追求的目标之一。

GDP 在宏观经济分析中有着重要的作用。GDP 增长意味着经济增长，社会就业机会增加以及社会整体需求增加，从而影响到市场上的物价水平。GDP 指标和大宗商品价格呈现出正相关关系，经济走势从需求端对大宗商品价格产生影响。当 GDP 增速加快时，大宗商品价格指数走势将整体上移；当 GDP 增速放缓时，大宗商品价格指数走势将整体偏弱。例如，在 2008 年全球金融危机的大背景下，我国 GDP 下行，内外需求走弱，大宗商品价格指数同样大幅下跌。2009 年，在国家扩张性政策的刺激下，我国经济逐渐恢复并且快速增长，此时 GDP 和大宗商品价格指数也随之快速反弹。

（三）固定资产投资

固定资产投资是以货币形式表示的，在一定时间内建造和购置固定资产的工作量以及与之有关的费用的总和。固定资产投资是社会固定资产再生产的主要手段。固定资产投资额是以货币表现的建造和购置固定资产活动的工作量，是反映固定资产投资规模、速度、比例关系和使用方向的综合性指标。

固定资产投资既可以推动供给，又可以拉动需求。它作为社会总需求的重要组成部分，是观察经济变化的重要指标。固定资产投资和大宗商品价格之间呈现出正相关关系。在一般情况下，固定资产投资增加会导致社会总需求增加，社会总需求增加又会导致大宗商品价格上涨，同时刺激供给扩大生产。反之，如果固定资产投资减少，大宗商品价格会因为需求走弱而缺乏上涨动力。

（四）采购经理人指数

采购经理指数（PMI）是一个综合指数，按照国际上通用的做法，由五个扩散指数，即新订单指数、生产指数、从业人员指数、供应商配送时间指数以及主要原材料库存指数加权而成。PMI 是重要的经济指标之一，主要用于经济短期运行的预测，具有较强的前瞻性。

PMI 和大宗商品价格呈现一定的正相关性。在通常情况下，PMI 上升意味着制造业的兴旺，对大宗商品价格构成支撑。如果 PMI 上升趋势持续，则会为大宗商品价格上涨提供动力，反之则反是。PMI 通常以 50%作为经济的强弱分界线，由此区分经济发展和经济衰退。

（五）消费者价格指数和生产者价格指数

消费者价格指数（CPI）是反映一定时期内城乡居民购买的生活消费品和服务项目价格变动趋势和程度的相对数，是对城市居民消费价格指数和农村居民消费价格指数进行综合汇总计算的结果。

CPI 是备受市场关注的经济指标。它是评价当前经济通货膨胀压力的最佳手段，也是影响货币政策的重要因素。通常，CPI 同比增长高于 3%时为通货膨胀，CPI 同比增长高于 5%时为严重通货膨胀。

生产者价格指数（PPI）是衡量工业企业产品出厂价格变动趋势和变动程度的指数，反映某一时期生产领域价格变动情况。

PPI 从生产的角度反映了国内市场工业品价格与上年同业价格的相对变动情况。PPI 没有包括服务类的价格，因此变动幅度比 CPI 更为剧烈一些。PPI 是衡量企业生产的产品费用，在某种程度上也可以理解为上游原材料的价格。

> **【多说一句】**
>
> 国家的经济发展与期货市场有着紧密的联系，国家经济发展较快，意味着市场的整体需求较为旺盛，生产经营活动较为活跃，大宗商品价格整体趋涨。通过对宏观经济的分析，我们可以知道国家整体经济的发展状况，从而指导我们对期货市场价格走向做出正确的判断。
>
> 我们常说，中国金融市场是个"政策市"。也就是说，在宏观调控上，我国政府的能力高于国外政府，这是国际市场所公认的。

二、政策因素

不同经济体制定的某些政策和措施也会对期货价格造成不同程度的影响。这些政策因素是期货交易者必须随时注意的。

我们可以把政策因素分为经济政策因素和其他方面的政策因素。经济政策因素包含了财政政策和货币政策。财政政策是政府在财政支出、税收和借债水平方面所采取的政策；货币政策是政府通过改变流通中的货币数量所采取的政策。两者都是通过消费、投资、利率进而影响需求，最终使得国民经济得以调节。

其他方面的政策因素包含进出口政策、关税政策、生产政策、国际方面政策等。大宗商品市场的价格对国际和国内的政治气候、相关政策变化非常敏感，这主要是指国际国内政治形势、国际政治事件及其引起的国际关系格局的变化、各种国际性经贸组织的建立及有关商品协定的达成、政府对经济进行干预的各种政策和措施等。政策因素的内在复杂性和重大的影响决定了其会导致期货市场价格的波动。

> **【多说一句】**
>
> 政策因素主要体现在国家对整个国民经济的调控或针对某一特定商品的政策调控。例如，2021年夏天，国内煤炭短缺，导致煤炭价格短时间内连续大涨，直接影响到了人民的生活。此时，国家发展改革委通过实施鼓励煤炭开采、规定煤炭的长协价格的政策，使得煤炭价格快速回落到合理区间。政策因素对价格的影响是比较直接的，通常在短期内就会反映到市场价格上。

三、经济周期

在期货市场中，价格变动还受经济周期的影响。在经济周期的各个阶段，价格都会出现随经济周期波动的上涨和下跌现象。

衡量总体经济状况的基本指标是国民收入，经济周期也就表现为国民收入的波动，并由此发生产量、就业、物价水平、利率等的波动。在经济发展运行过程中，有巅峰有低谷，这是经济发展的客观规律，不可避免。根据不同的理论构建的经济周期有长有短，驱动因素也各不相同，其中比较有代表性的有长周期的康德拉季耶夫周期和短周期的美林时钟。

（一）康德拉季耶夫周期

康德拉季耶夫在20世纪20年代提出以科学技术发展为驱动的长经济周期——康德拉季耶夫周期。该周期有以下四个阶段：

（1）繁荣阶段：国民收入高于充分就业水平。它的特点是生产、投资、信贷扩张迅速，价格水平上升，就业人数增加，公众对未来持乐观态度。

（2）衰退阶段：从繁荣到萧条，是一个过渡时期。它的特点是经济开始从顶峰下滑，但并没有到达谷底。

（3）萧条阶段：国民收入低于充分就业水平。它的特点是生产、投资、信贷紧缩，价格水平下降，出现严重失业，公众对未来持悲观态度。萧条的最低点被称为谷底，此时就业和产出降至最低点。

（4）复苏阶段：从萧条到繁荣，是一个过渡时期。它的特点是经济开始从谷底回升，但尚未达到顶峰。

（二）美林时钟

美林时钟是美林证券在2004年提出的资产配置理论，美林证券通过对美国1973—2004年约30年的经济数据进行统计研究后，发表了报告《投资时钟》（*The Investment Clock*），提出了投资时钟理论，表述了资产轮动与经济周期之间的关系。

美林时钟按照经济增长与通货膨胀的不同搭配，将经济周期划分为以下四个阶段：

（1）复苏阶段：经济上行，通货膨胀下行。该阶段大类资产收益率排序如下：股票>债券>大宗商品>现金。

（2）过热阶段：经济上行，通货膨胀上行。该阶段大类资产收益率排序如下：大宗商品>股票>现金和债券。

（3）滞胀阶段：经济下行，通货膨胀上行。该阶段大类资产收益率排序如下：现金>大宗商品和债券>股票。

（4）衰退阶段：经济下行，通货膨胀下行。该阶段大类资产收益率排序如下：债券>现金>股票>大宗商品。

美林时钟如图6-2所示。

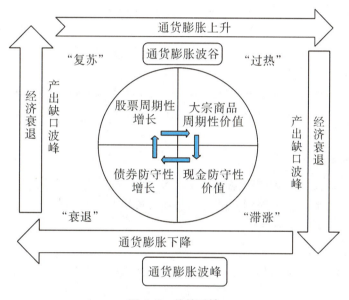

图6-2　美林时钟

【多说一句】

关于经济周期的分析对我们把握期货市场价格的大方向是比较重要的。通过对经济周期的分析，弄清楚当前经济所处的阶段，可以帮助我们更好地把握长期的趋势性方向。

在长期策略的思考下，我们对经济问题分析会直接对应到我们的交易策略当中，也就是直接影响我们的建仓方向与建仓速度，这对机构法人尤为重要。

四、供需关系

期货交易是市场经济的产物，是现货市场的衍生品，因此它的价格变化受现货市场供求关系的影响。当现货供大于求时，期货价格下跌；反之，如果期货价格上涨，这是基本常识。另外，反映供给的变量一般由前期库存量、当期生产量和当期进口量三部分组成；反映需求的变量一般由国内消费量、出口量和期末库存量三部分组成。

$$总供给 = 前期库存量 + 当期生产量 + 当期进口量$$
$$总需求 = 国内消费量 + 出口量 + 期末库存量$$

（一）前期库存量

前期库存量是指上年或上季积存下来可供社会继续消费的商品实物量。根据存量所有者的不同，前期库存量可以分为生产供应者存量、贸易商存量和政府储备。前两种存量可以根据价格变化随时进入市场，可以看做市场商品可供量的实际组成部分。政府储备的目的在于调控市场的供应量，为全社会整体利益而储备，不会因为一般的价格变动和利益需求而轻易投放市场。

（二）当期生产量

当期生产量是市场商品供给量的主体，有众多因素会对其造成影响。不同商品当期生产量的影响因素可能差异很大。当我们对商品当期生产量的影响因素进行分析时，应该就该商品的具体影响因素具体分析，以便较为准确地把握其可能的变动。

（三）当期进口量

当期进口量是对国内当期生产量的补充，在一般情况下会随着国内市场供需平衡情况的变化而变化。同时，当期进口量还会受到国内外市场价格差、汇率、国家进出口政策以及国际政治因素等的影响而变化。

（四）国内消费量

国内消费量主要受消费者的购买能力或收入水平、消费结构变化、消费者人数、替代品的价格以及获取的便利程度等因素的影响。期货价格对这些因素更为敏感，期货价格的变化往往大于现货价格的变化。

（五）出口量

出口量是本国生产和加工的商品销往国外市场的数量、是影响国内总需求的重要因素之一。

（六）期末库存量

分析本期期末库存量的实际变动情况可以从商品实物运动的角度看出本期商品的供求状况及其对下期商品供求状况和价格的影响。

【多说一句】

根据经济运行供求历史规律，我们知道商品价格取决于供给与需求相互作用。对于工业品市场而言，供给数据比较容易找到，而需求数据和获取难度较高，并且其数据的不确定性较高。供需关系变动程度越大，期货价格波动幅度越大。因此，我们依然可以从供给与需求的库存差异中，找到我们想要的变动因子。我们根据库存量的大小来判断供给与需求相对强弱程度。如果某种期货商品库存较低，说明市场供不应求，需求量大于供给量，在其他条件不变的情况下，期货商品价格趋势变动理应易涨难跌，或者是涨得多、跌得少。当然，如果这个其他条件不变的假设被改变了，那么所谓的"易涨难跌"的逻辑就被动地改变了。

五、季节性因素

可交易的商品期货非常多样化，而多数大宗商品，尤其是以农产品为代表的大宗商品具有明显的季节性特征，其价格随季节性因素变化而变动。

季节性分析适用于季节性供需变化比较明显和规律的大宗商品，其中最具代表性的是农产品。季节性因素分析具有简单明了的优点，相对容易掌握。但它也有局限性，即只适用于特定品种的特定阶段，并且需要结合其他因素在相应的阶段进行客观分析。

供需关系决定了在消费旺季或供应淡季时，商品价格会相对较高，而在消费淡季或供应旺季时，商品价格会相对较低。季节性分析较为直接的手段是按照月份或季节寻找出商品价格变动背后的季节性逻辑，最终把握价格的运行轨迹和市场的交易机会。

值得注意的是，当市场出现特殊情况导致供需失衡，就会削弱原有的季节性因素的作用。例如，在通货膨胀较为严重时，即使是在需求淡季，期货价格可能也会趋于上涨；在国内经济形势不好，经济连续下行时，即使在需求旺季，期货价格也可能会因为宏观大环境的原因而下跌。

> **【多说一句】**
>
> 在期货市场里，很多商品是存在季节性规律的，其中农产品最为明显。农产品种植有很强的季节性规律，投资者可以根据种植的时间周期，对其供应与需求做出定量的分析。工业品的季节性规律主要表现在需求的旺季和淡季上。在通常情况下，春季和秋季属于传统的需求旺季。
>
> 在交易实务中，我们有时候会依据季节的不同，构建不同的期货品种仓位，或者利用不同品种但高度相关的期货（如黄豆与玉米、黄金与白银）相互交叉建立仓位，达到套利的要求。

六、成本因素

在进行期货价格区间判断的时候，我们可以把期货产品的成本线或盈亏线作为确定价格运行底部或顶部的参考指标。一般来说，短线交易者对产品成本比较敏感，大量资金交易者更注重交易成本对损益结果的消耗比例或金额大小。

在考虑成本因素时，我们可以从理论上计算产品的成本，从而把成本线作为底部或顶部的重要价格参考区间。但是，值得我们注意的是，在很多产品的现实生产过程中，很多生产经营者是可以靠生产过程中的副产品或可循环利用的产品来实现盈利的，以至于生产经营中可以容忍主产品产生一定程度的亏损。因此，我们要做好成本分析，就要对产业进行深入了解和调研，把产业链各个产品之间的关系弄清楚，才能比较客观地进行成本分析。

【多说一句】

成本因素的影响主要体现在供应端上。当市场价格低于成本时，生产企业处于亏损状态，会直接影响到生产经营企业减少生产，导致供应减少；当市场价格高于成本时，生产企业有较好的利润空间，会促进生产来获得更多的利润，导致供应增加。

七、心理因素

心理因素是交易者对市场持有的信心。例如，交易者对某商品看好时，即使无任何利好因素，该商品价格也会上涨；交易者对某商品不看好时，即便无任何不利因素，该商品价格也会下跌。一些大型投机商经常利用人们的心理因素，散布某些消息，并人为地进行投机性的大量抛售或补进，从而谋取投机利润。

【多说一句】

投资者每天都会接触基本面相关的信息和各种研究报告，每天也有不少专家在分析市场的供求关系和宏观经济环境，但投资者的交易结果并不一定因此而有大的改观。这是为什么呢？因为大部分普通投资者并不能很清楚地知道应该如何来利用基本面分析。

基本面分析一般都含有大量的数据和图表，并且好的分析报告里的数据不仅全面，还相当准确，大部分都是研究人员搜集整理的，有的甚至是研究人员去一线考察而来的。研究人员通过对大量数据和图表的分析得出一个结论：市场未来上涨还是下跌的可能性较大，即他们通过大量数据和图表的分析来预测市场的未来。这样写出来的报告肯定是具有价值的，而且也会得到行业专家或学者的认可，自然也会得到大部分投资者的认可。

第二节　基本面分析的优缺点

一、基本面分析的优点

（一）资料分析的综合性

所谓综合性，是指不人为偏离某一领域的数据，不放过其他看似不重要但对市场产生长期影响的因素，以中性客观的态度对待，最后综合分析得出结论。这种结论必然有着相对稳定性和较明确的倾向，显示出的是价格最终回归于价值的趋势，也是信息经过综合处理后的效果，这正是基本面分析所特有的效应。我们只有严格按要求搜集信息、认真客观分析，才能获得相对全面有效的结论并指导实际的投资活动。

（二）数据信息的稳定性

基本面分析几乎涉及整个国民经济的宏观与微观信息，如此复杂的数据信息的搜集难度相对较低。投资者从正规发布信息的渠道获取数据信息，有利于数据信息的搜集，有利于资料的长期保存和加工整理分析，从而清晰地反映出具有客观规律性的东西，分析所得结论也就更具有科学性和说服力。

> **【多说一句】**
>
> 　　基本面分析是基于国民经济的整体运行状况和具体产业逻辑的分析，其分析结果有较为重要的参考意义。基本面分析可以让投资者对市场价格的大趋势有比较明确的判断，对长线投资者更为重要。

二、基本面分析的缺点

（一）信息的时间滞后效应

我们在收集各种信息资料时，通常会有以下两种时间滞后：

一是我们能否及时收集到基本面信息。一般来说，我们对宏观的国民经济数据的搜集相对较为及时。但是，在对某一产业链基本面信息收集时，在没有和实体企业紧密接触或没有经过实地调研的情况下，我们收集到信息往往都是偏滞后的，这对指导投资活动有时效性的影响。

二是通过各种渠道汇集信息，不管是一手资料还是二手资料，都需要我们进行筛选、整理和加工，这都需要时间，即内部时间滞后效应。这个过程的长短由分析人员的数量多少、素质高低和分析方法科学与否所决定，这种内部时间滞后效应越短越好。从采用分析结果到投资获利，这一过程受到很多不确定因素的影响，投资者无法改变，我们称之为外部时间滞后效应。

（二）信息成本相对较高

投资者为获得第一手资料，常常长途跋涉深入实地调研。之后对大量无用信息的剔除、对大量数据进行统计分析以及信息使用的边际效应递减都会提高信息成本。

当前已有很多专业团队集中对基本面的各种数据进行搜集整理，最终供投资者使用。但是，一般较为及时和专业的数据都是有偿数据，成本相对较高。

（三）对投资者素质要求较高

基本面分析要求分析人员掌握相当的基础理论知识和社会经验，同时具有较高的金融分析素养和对政治经济的全面了解，这就导致了部分普通投资者无法对所有公开信息进行有效分析。在一般情况下，分析能力有所欠缺的投资者要么完全听从他人的投资建议，要么干脆凭感觉行事，分析不够客观准确，投资相对较为随意，风险性较大。

【多说一句】

　　基本面分析更多的是被专业投资者采用，对于普通投资者来说难度较大。对宏观数据的搜集和分析，普通投资者通常是滞后的，其对产业数据的分析和生产经营中会遇到的具体实际情况也是不清晰的。因此，普通投资者做出的基本面分析通常会具有一定的片面性，从而直接影响到最终的投资结果。

第三节　投机者的基本面分析

　　"投机"一词用于期货、证券交易行为中，并不是"贬义词"，而是"中性词"，是指根据自己对市场的判断，利用市场出现的价差进行买卖，从中获得利润的交易行为。投机者既可以"买多"，也可以"卖空"。投机的目的很明确，就是获得价差利润。投机是有风险的，投机者根据自己对期货价格走势的判断，做出买进或卖出的决定。如果自己的判断与市场价格走势相同，则投机者平仓出局获取投机利润；如果自己的判断与价格走势相反，则投机者平仓出局承担投机损失。

　　投机者是期货市场非常重要的组成部分，是期货市场必不可少的润滑剂。投机交易增强了市场的流动性，承担了套期保值交易转移的风险，保证了期货市场的正常运营。其经济功能主要有如下四点：

　　（一）提高市场流动性

　　投机者频繁地建立头寸，对冲手中的合约，增加了期货市场的交易量，方便了套期保值交易的成交，同时又能减少投资者进出市场可能引起的价格波动。

　　（二）承担价格风险

　　期货投机者承担了套期保值者努力回避和转移的风险，使企业能成功地套期保值，同时投机者也能获得更为丰厚的利润回报。

　　（三）保持价格体系稳定

　　不同期货市场、不同商品之间价格具有一定的相关性。投机者的参与，促进了相关市场和相关商品之间价格的调整，有利于改善不同地区价格的不合理状况和商品不同时期的供需结构，使商品价格更加合理，还有利于调整某一商品和相关商品之间的价格比值，使商品价格趋于合理化，从而保持价格体系的稳定。

　　（四）形成合理的价格水平

　　投机者在价格处于较低水平时买进期货，使需求增加，从而使价格上涨；在价格处于较高水平时卖出期货，使需求减少，从而使价格下跌，价格波动趋于平稳，形成合理的价格水平。

　　从传统的基本面分析来看，基本面分析大都采取自上而下方式，就是从宏观（从国际到国家）分析到产业分析（从产业到上下游），再到特定交易品种分析。

从期货投机交易角度来看，投机者只需要花费少许时间对基本面进行分析与理解。因为对于投机者而言，其持仓周期相对较短，而基本面分析通常针对的周期相对较长。短时间内的交易买卖，很难从长期的基本面分析中得到短期影响价格的主要因素。投机者通常只需要抓住多空双方在持仓意愿上的交易矛盾、心理矛盾等产生的交易机会，从而决定自己的入场和出场时机。当然，后续的建仓模式、止损模式等都是必要的配套。

【多说一句】

投机交易大多数是短期交易，有着在短时间内买卖的特点，同时要求投机者对市场价格变动较为敏感，具有较强的实际操作能力。投机交易对普通投资者有着较大的诱惑力，因为它有潜在的、丰厚的利润回报，投机者往往只看到这一点。值得注意的是，投机交易在有着丰厚利润回报的同时，也承担了市场上的大部分风险，在没有过硬专业素养的前提下，投机交易大概率是亏损的。

由于投机交易高利润、高风险的属性，投机交易对投资者自身素质要求较高。投资者既需要长期实践经验的积累，又需要独有的系统性分析方法。因此，在实际的投资活动中，我们应该清楚认识自身的情况，客观合理地开展投资活动。

第四节　期货市场中如何进行基本面分析

投资者首先要熟悉交易品种的细则，如合约大小、品种单位、交割方式以及标的行业等。这些可以在交易所网站或交易软件中查询到，包括各标的品种的产区、产量等详情。通过对这些信息的了解，投资者可以更加详细地了解标的基本面情况。

例如，我们可以通过郑州商品交易所网站或交易软件了解到玉米期货合约的基础情况（见表6-1）。

表6-1　玉米期货合约的基础情况

交易品种	黄玉米
交易单位	10吨/手
报价单位	元（人民币）/吨
最小变动价位	1元/吨
涨跌停板幅度	上一交易日结算价的4%
合约月份	1月、3月、5月、7月、9月
交易时间	每周一至周五9:00~11:30，13:30~15:00以及交易所规定的其他时间
最后交易日	合约月份第10个交易日
最后交割日	最后交易日后第3个交易日

表6-1（续）

交割等级	大连商品交易所玉米交割质量标准（FC/DCE D001-2015）
交割地点	大连商品交易所玉米指定交割仓库
最低交易保证金	合约价值的5%
交割方式	实物交割
交易代码	C
上市交易所	大连商品交易所

互联网是帮助我们掌握基本面的最佳渠道。通过互联网，我们可以获得现货和期货相关的有用信息。通过对这些信息的整理、统计和分析，我们可以更清晰地梳理影响标的价格的关键信息。

【多说一句】

玉米为禾本科，属一年生草本植物。在全球三大谷物中，玉米总产量和平均单产均居世界首位。中国的玉米栽培面积和总产量均居世界第二位。在世界谷类作物中，玉米的种植范围广。玉米的播种面积以北美洲最多，其次为亚洲、拉丁美洲、欧洲等。玉米占世界粗粮产量的65%以上，占我国粗粮产量的90%。玉米籽粒中含有70%~75%的淀粉，10%左右的蛋白质，4%~5%的脂肪，2%左右的多种维生素。以玉米为原料制成的加工产品有3 000种以上。玉米是制造复合饲料的最主要原料，一般占65%~70%。

第五节　案例解析——玉米基本面分析

在期货及衍生品市场上，不同标的物的基本面分析各不相同。玉米是世界上最重要的粮食之一，玉米在我国大连商品交易所上市交易，我们看看应该如何分析玉米期货基本面。

（一）玉米的供给

在全球玉米市场中，从多年的生产统计情况看，美国的产量占30%以上，中国的产量占23%左右，南美洲的产量占10%~15%，以上三者成为世界玉米的三大主产区，其产量和供应量对国际市场玉米价格影响较大。美国作为世界玉米产量第一大国，它的玉米产量是影响国际玉米价格最重要的供给侧因素，其他国家的影响力伴随产量的占比逐渐减小。

玉米的供给分析主要集中在三大主产区的单产量、种植面积以及气候影响方面。分析者根据对它们的数据分析最终得出玉米市场的供给情况。

（二）玉米的需求

中国和美国既是玉米的主产国，也是主要消费国。此外，对玉米消费较多的国家和地区还包括欧盟、日本、巴西、墨西哥等。近年来，各国的玉米深加工工业迅速发展，推动了玉米的消费需求升级，消费占比不断提高。

从我国的情况看来，玉米消费主要是饲料、玉米深加工和食用玉米。其中，饲料用玉米所占的比例最高，达60%以上，因此玉米的饲料需求是对市场价格影响最大的需求因素。玉米深加工的迅速发展使消费占比从10%上升到了30%左右，对市场的价格影响明显增加。食用玉米的消费占比较低，并且总量变化不大，对市场价格的影响最小。

（三）玉米进出口

从全球市场看，玉米出口要重点关注美国、南美洲等，进口要重点关注日本、韩国、东南亚等。从国内市场看，我国是玉米进口国，2021年进口量占消费量的10%左右，进口玉米主要来自美国、乌克兰和南美洲，出口量和产量比较可忽略，进出口方面需重点关注进口量和进出口政策的变化。

（四）玉米库存

一般情况下，在排除季节性影响后，库存水平提高时，表示供给宽松或需求较弱；库存水平降低时，表示供给紧张或消费较强。各种商品库存对商品价格的影响均呈现负相关关系。在一定时期内，商品的库存水平直接反映了该商品的供需情况，是商品供求格局最直接的体现。因此，库存的研究显得尤为重要，也是影响市场价格最重要的指标之一。

（五）玉米的成本收益情况

成本收益情况是影响供需格局的最根本原因，当期的收益情况将直接影响后期的供需构成格局。玉米的成本收益情况是影响农民种植积极性的最主要因素，它会直接影响下一年玉米的种植安排。种植收益增加，农民可能会增加种植面积，反之则可能会减少种植面积。同时，玉米的成本也会对市场价格造成一定的影响。例如，化肥价格上涨将提高玉米的种植成本，将间接支撑玉米市场价格。

（六）与可替代品种的比价关系

玉米与其可替代品种的比价关系会对玉米的供需格局产生影响，进而影响玉米未来的价格。玉米价格的变化也会在一定程度上影响消费占比，从而影响供需格局。

以玉米与大豆的种植比价关系为例，在一般情况下，总的种植面积相对恒定，大豆种植面积增加意味着玉米种植面积减少，玉米供应将减少，价格上涨；反之，玉米供应将增加，价格下跌。玉米价格上涨过快，消费者将选择价格较低的小麦或大豆作为替代消费品，玉米消费减少，抑制价格上涨；反之，则玉米消费增加，支撑价格上涨。

（七）货币政策因素

随着全球经济联系越来越紧密，汇率波动和利率变化已经成为各国经济生活中的普遍现象，汇率波动会引起货币的升值或贬值，利率变化会影响货币的供应量。这些因素的变化通常会引起商品期货的价格波动。当人民币贬值或通货膨胀时，玉米期货价格会上涨；当人民币升值或通货紧缩时，玉米期货价格会下跌。因此，利率和汇率是除了玉米自身基本面因素之外的影响玉米期货价格的主要因素之一。

（八）经济周期

世界经济是在衰退与繁荣周期性交替中不断发展的，经济周期是现代经济社会中不可避免的经济波动、是现代市场经济的基本特征之一。在经济周期中，经济的繁荣和衰退影响着大部分经济体，因此经济周期是全球性或全国性的，而非局部性的。经济周期在经济的运行中周而复始地反复出现，一般由复苏、繁荣、衰退和萧条四个阶段构成。受此影响，玉米的价格也会出现相应的波动。当经济处于繁荣时期，市场消费增长，国民经济增速加快，玉米市场价格上涨；当经济处于衰退时期，市场消费下降，国民经济增速减缓，玉米市场价格下跌。经济周期是我们所处的宏观大环境、是非常重要的影响因素之一。

（九）储存、运输成本

玉米收割后到消费市场会有储存、国内相互贸易、进出口运输等环节，影响运输成本的原油、海洋运输费率、运力紧张等因素变化将直接影响玉米的成本价格，从而影响市场上玉米的价格。例如，由于受新冠肺炎疫情的影响，导致运输不畅，从而影响玉米的价格；国际原油价格上涨，进出口运输成本上升，从而影响玉米的价格。

【多说一句】

上述玉米的基本面分析框架也是大部分期货品种的基本面分析框架，但是不同品种的特性有所不同，影响价格变动因素所占比重也各不相同。在玉米基本面分析中，玉米的供给情况对价格影响相对较大，货币政策因素对价格影响相对较小。在金属类品种中，如黄金、铜、锌等，除了自身的供需外，全球货币政策对其价格有较大的影响。

乒乓，这个线叫做K线，我们可以通过它来判断价格的趋势。

严格来讲，这属于技术分析了，而K线其实就是用柱状图来快速显示价格的方式。

记录一段时间内的开盘价、收盘价、最高价、最低价。

技术分析是以图表分析为基础手段对市场价格进行分析，以预测未来价格发展趋势为目的的分析方法。

原来这根小小的K线居然和价格有那么紧密的联系。

一根根K线连接起来就组成了K线图，不同周期的趋势结构，也代表不同的K线图各种变化的重要来源，这也是直接影响交易市场。

对的，不同交易者看到不同周期K线图，对小周期、中周期甚至是大周期都有关联性。

K线图分为分时线图，日线图、周线图、月线图……

我明白了，我们继续游戏吧！

这节课，同学们也要深入去学习K线的知识。我们在分析的时候不能一直凭主观想法去猜测趋势，而是要实实在在地认真分析，最终把握住期货的行情。

猜图大王

接下来几个回合，乒乓也不负众望，赢下了游戏，获得了"猜图大王"的称号。

第七章　看K线，识趋势

本章引言

在期货市场上，包括股票市场与期权市场，每天都有许许多多数据产生，如何利用K线图判读市场价格趋势变化，就成为一门非常重要的功课。本章主要介绍什么是K线图、如何判读K线图所代表的信息、什么是趋势的类型及如何判读、常见的价格反转形态和持续形态等。

本章介绍的内容看起来多样，但是总结来说，就是要判读过去存在着什么样式？当下又是处在什么状态？而未来可能变化成什么趋势？在这个从过去、现在与未来的理解与把握中，投资者要得出的是在接下来的演变中应该采用什么交易策略才能帮助企业控制好风险，或者是在自己的交易过程中能得到什么样的效益？

第一节 技术分析

技术分析是以图表分析为基础手段对市场价格进行分析，以预测未来价格发展趋势为目的的分析方法。技术分析主要从市场实际交易行为中获取，以价格、交易量以及持仓量等各种数据为支撑，对实时的市场行为进行研究分析。技术分析主要有以下三个前提条件：

一、市场价格是有趋势的

趋势是技术分析的核心要素，不管是通过基本面还是通过图表研究，价格的发展都是以趋势的形式存在的。通过对历史价格的研究，不管是现货价格还是期货价格，只要是市场行为而形成的价格，就必然会有它自身的趋势。价格变化既然有趋势，那么下一步通常都是按照现存的趋势继续发展。当然趋势也会发生变化，相对来说，价格顺势发展的概率要远高于掉头发展的概率，即事物运动是符合惯性定律的，价格也一样。我们通过技术分析研究价格的趋势，是为了尽可能在价格趋势形成的初期把它揭示出来，进而达到之后顺势交易的目的。我们应该坚定顺应一个既成趋势去看待价格的发展，直至有反向的征兆为止。

二、历史是会重演的

市场价格是人们在市场交易中产生的，它和人类的交易行为、心理活动密切相关，最终以价格图表的形式在交易市场中展现出来。人类的交易行为和心理活动不会轻易改变，而以它们为根据表现出来的价格变化方式现在已经出现，在未来同样还会出现。简单理解，未来的价格变化是可以在历史的价格变化中找到模板的。

三、市场行为包容消化一切

市场行为包容消化一切构成了技术分析的基础。技术分析认为，能够影响期货价格的任何因素，不论是宏观的、政治的、供需的、心理的还是任何其他方面的，都将反映在价格之中。

这个前提的实质含义其实就是价格变化必定反映供求关系，如果需求大于供给，价格必然上涨；如果供给大于需求，价格必然下跌。这个供求规律是所有预测方法的根本出发点。归根结底，技术分析者就是通过价格间接地研究经济基础。价格图表本身并不能导致市场价格的涨跌，但是能简单明了地显示出市场参与者的心态。

既然影响市场价格的所有因素最终必定要通过市场价格反映出来，那么研究价格也就相当重要了。实际上，图表分析只是通过研究价格图表及大量技术指标作为辅助，让市场显示出最可能的走势变化，并不是分析者决定了市场。因此，在讨论技术分析时我们要清晰地认识到，所有的技术分析都只是辅助手段。

【多说一句】

想要清楚地知道技术分析的作用，就要知道它的理论基础和存在的依据，只有这样，我们在应用中才能有充分的信心。市场上有些人对使用工具（不论是基本因子还是技术因子）有许许多多的分歧。根据我们的经验，这是没有意义的。

第二节　如何看懂期货行情

交易者既可以从期货价格报价界面看到行情变化，也可以从 K 线图看到市场多空力量转变。根据价格位置不同，K 线图可以分成多种形态。按时间单位不同，K 线图可以分为分钟图、小时图、日线图、周线图、月线图等。

一、什么是 K 线

在期货投资中，我们经常会听到"K 线""阳线""阴线"等说法，这些是指什么呢？其实这些就是用柱状图来快速显示价格的方式，记录一段时间内的开盘价、收盘价、最高价、最低价。

K 线（见图 7-1）起源于 18 世纪日本的米市交易，最开始只用于计算米价每天的涨跌。因为其标准化方式有特别的意义，之后 K 线被引用至价格走势的分析中。经过多年的发展，K 线已经广泛应用于有价格显示的各种金融商品市场，如股票、期货、外汇、期权等证券市场。

图 7-1　K 线

收盘价高于开盘价的 K 线被称为"阳线"。在我国，阳线的颜色通常为红色。在美国，阳线的颜色通常为绿色。阳线开盘价一定在较低的位置，收盘价一定在较高的位置。

收盘价低于开盘价的 K 线被称为"阴线"。在我国，阴线的颜色通常为绿色。在美国，阴线的颜色通常为红色。阴线开盘价一定处在较高的位置，收盘价一定处在较低的位置。

"实体"就是红或绿色较粗的部位。实体部位是最直接表达开盘价到收盘价的位置，不计算多出的部位。

示例一：某一品种，当日开盘价是 100 元，收盘价是 150 元。因为收盘价（150 元）>开盘价（100 元），所以是"阳线"，并以红色来显示（见图 7-2）。

示例二：某一品种，当日开盘价是 150 元，收盘价是 100 元。因为收盘价（100 元）<开盘价（150 元），所以是"阴线"，并以绿色来显示（见图 7-2）。

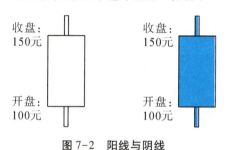

图 7-2　阳线与阴线

示例三：某一品种当天开盘价是 60 元，收盘价是 80 元，当日价格最高曾达到 100 元、最低曾达到 25 元。那么，它的 K 线如图 7-3 所示。

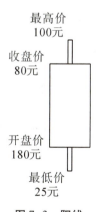

图 7-3　阳线

示例四：某一品种当天开盘价是 80 元，收盘价是 60 元，当日价格最高曾达到 100 元、最低曾达到 25 元。那么，它的 K 线如图 7-4 所示。

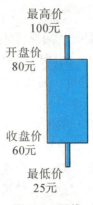

最高价
100元

开盘价
80元

收盘价
60元

最低价
25元

图7-4 阴线

K线只是一种价格简化展示的结果，只能代表四个价格最后的位置，并没有显示出最高价和最低价发生的顺序以及价格实际的波动是什么样的。

例如，当日价格走势可能是开盘先被重挫，跌到最低点，之后价格拉回；也可能是开盘一路下跌，到了尾盘才被强势拉回。

又如，同一个K线图，价格趋势可能是开盘直接跌到最低价，之后强势反弹上涨至最高价；也可能是先涨到最高价，之后跌到最低价，最后又上涨直至收盘价（见图7-5）。

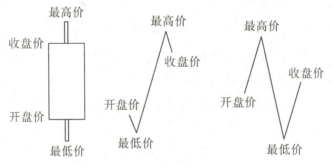

图7-5 不同K线形状

K线会因为开盘价、收盘价、最高价、最低价四个价位的不同而呈现不同的形态。不同的K线结果反映出不同的市场情绪状态，以此投资者们能通过分析解读这些形态对未来行情做出一些预测。

二、什么是K线图

一根根K线连接起来就组成了K线图，而不同周期的K线图就代表不同的趋势结构，这也是直接影响交易市场各种变化的重要来源。

分时线图（见图7-6）是短线投资者热衷的周期。短线投资者在短周期的交易过程中，必须懂得市场信息对当前价格产生的影响。在此影响下，市场价格会如何反应？投资者应该怎样建立正确的仓位？当市场价格不断演化时，交易者又应该如何做出正确的应对？这些都需要短线投资者在短时间内做出相应的判断和操作。

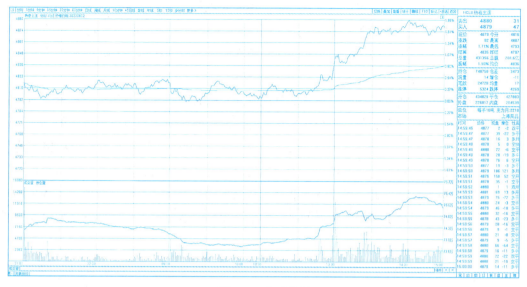

图 7-6　分时线图

期货市场里有短线投资者、趋势投资者、对冲投资者、保险+期货投资者等。他们站在不同的立场上，面对相同的行情变化，会做出不同的决策。这带动了期货价格的波动，使得期货价格很少出现直线上涨或下跌的情况。我们称期货价格的波动为波动率。

15 分钟 K 线图（见图 7-7）通常受到短线趋势交易者的青睐。这个时间周期不太短也不太长，市场价格又有经常出现短期的趋势性行情。在博取短线利益时，15 分钟 K 线图算得上是不错的选择。对于趋势追踪、对冲策略、避险策略投资者而言，在日内进行调仓操作时，15 分钟 K 线图也可以应对市场的变化。

图 7-7　15 分钟 K 线图

日线图（见图7-8）是波段投资者经常采用的 K 线图。顾名思义，波段交易策略就是企图赚取价格趋势里中长期利润的一类交易策略，过短的交易周期会支付过多的交易成本。因此，以每日一次，甚至多日一次的交易频率最为合适，这也让日线图成为许多机构法人最常使用的交易时间周期。

投资者在刚进入期货市场时，最好从日线图开始积累经验，不断训练。投资者通过日线图理解市场的每日情况变化，乃至在日复一日的连续变化中，弄明白市场中的其他投资者在想什么？基本面变化会产生什么影响？为何这两个方面的变化能引导出价格的连续性，在表现着什么样的市场变动规律？为何现货市场是这样而期货市场又是另一个样？当这些问题慢慢被投资者理解，投资者能够顺应甚至掌握其规律性，那么在期货市场里的投资就会越来越接近成功了。需要强调的是，对这种规律的学习不是短时间的，而是需要长期经验积累的。

图 7-8　日线图

周线图（见图7-9）是大趋势，是建立在宏观层面基础上的。也就是说，看懂周线图的趋势，就能理解市场价格趋势演变的根本原因。这一点适用于任何市场、任何品种。

如果以月线图观察市场，就得重点关注国家政策的制定方向，尤其是国家政策对企业经营策略的影响。

图 7-9　周线图

【多说一句】

不同周期K线图代表分析周期的不同和交易持仓时间的不同。在一般情况下，分析周期越长，准确性相对会越高，随着分析周期的缩短，准确性也会随之降低。

这个涉及确定性的问题，就是我们常说的"概率"和"胜率"的问题。就概率而言，投资者常常希望概率越高越好，同时就胜率而言，投资者也是希望胜率越高越好。这个思维本身没有问题。但是，就交易经验来说，提高胜率之前，最好先提高交易上的盈亏比。什么是盈亏比？就是每次亏损一元钱后，投资者能从市场上赚多少钱回来？这个比例越高，表示投资者的获利能力越高。那么，当获利能力足够高、足够稳定时，胜率也就同步提高起来了的，这是许多成功投资者的长期经验之谈。因此，在没有足够的获利能力前，妄想提高胜率不是一个成功投资者该有的思考方式或交易行为模式。

三、看懂行情中的关键信息

期货行情图的分析可以结合价格、均线、K线形态的变化来分析行情。一般来说，当期货行情图的均线呈多头排列，即短期、中期、长期均线依次从上到下排列并向右上方波动，且期货价格沿各均线向右上方拉升，表示价格趋势处在上涨通道。期货价格的延续性就成为是否继续上涨的观察重点。

同理，期货行情图的均线呈空头排列，即短期、中期、长期均线依次从下到上排列并向右下方波动，且期货价格沿各均线向右下方波动，表示趋势处于下降通道。期货价格的延续性就成为是否继续下跌的观察重点。

需要指出的是，日常期货价格行情是极短期的市场波动，观察行情并不代表要受到这种波动的影响。投资者需要知道的是，这些价格波动和持仓量、成交量变化之间的联动关系，至于怎么使用它们就看个人的交易策略了。

（1）持仓量：代表尚未平仓出场的头寸，而且不论是多方还是空方，两者总数必然相同。

（2）成交量：在开盘时间内，多空双方成交后的数量，代表当天市场的人气高低程度。

（3）仓差：持仓量的增减变化情况，具体指目前持仓量与上一交易日收盘时持仓量的差。仓差为正，表示目前的持仓量增加；仓差为负，表示目前的持仓量减少。

（4）总手：开盘后到目前为止该期货合约总成交量或手数。

（5）现手：刚刚撮合成交的该期货合约数量或手数，一天内的现手数累计起来就是总手数。

（6）外盘和内盘：以主动卖出指令成交纳入外盘，以主动买入指令成交纳入内盘。外盘加上内盘就等于总手。就观察而言，若内盘较大，显示市场中的卖方比较强势；若外盘较大，显示市场中的买方较强势；若内盘与外盘大体相近，则意味着市场中的买卖双方力量相当。

（7）多开：多头进行开仓进场动作。

（8）空开：空头进行开仓进场动作。

（9）多平：多头进行平仓出场动作。

（10）空平：空头进行平仓出场动作。

投资者在期货投资中不仅要会看期货行情，还涉及很多技巧性问题。投资者只有掌握了相关的期货投资技巧，才能在交易市场中从容应对风险。

【多说一句】

期货的交易技巧通常随着投资者个性的不同而不同，投资者对行情图中信息的理解和应用也不同。投资方法和信息的解读与应用可以多种多样，但值得所有投资者注意的是投资过程中一定要做理性的交易。在交易态度上，投资者应该极力避免赌徒式的投机交易。

第三节　趋势

一、什么是趋势

在企业避险操作过程，能辨别好、掌握好趋势变化，才能取得避险操作的效益，而技术分析领域中趋势辨识的理论基础是道氏理论。

道氏理论是所有市场技术分析（technical analysis），包括波浪理论、江恩理论等的起源。随着时代的发展，虽然现在计算机已经普遍使用，许多依托于统计公式、数学公式的技术指标层出不穷，量化交易应运而生，但道氏理论仍然有着重要地位。当前，很多先进的分析工具多数在很大程度上继承了道氏理论的基本原则。

从 1884 年股票市场平均价格指数创立以来，道氏理论的形成经历了几十年的时间。1902 年，在查尔斯·道去世以后，威廉姆·彼得·汉密尔顿（William Peter Hamilton）和罗伯特·雷亚（Robert Rhea）继承了道氏理论趋势辨识基础。他们在其后有关股市的评论中加以组织与归纳，最后成为今天我们所见到的理论。他们的著作《股市晴雨表》《道氏理论》成为后人研究道氏理论，甚至是研究价格趋势的经典著作。

在道氏理论中，价格趋势是市场运行方向，这一点不论是以基本面为主，还是以市场面为主的市场参与者都是达成了共识的。

（1）价格不会朝任何方向直来直往，市场运动特征是曲折前进，其轨迹如同海边波浪一波接着一波，具有相当明显的波峰和波谷。所谓价格趋势，正是由这些波峰和波谷逐渐往上升或往下降所构成的。

（2）无论这些波峰和波谷是依次上升，还是依次下降或者横向震荡，其组合起来的方向都构成了市场的趋势。简要来说，市场只有上涨与下跌两种模式，只是因为形成时间长短与波动幅度大小不同，造就了上升趋势、下降趋势与横向整理三种趋势形态。

（3）我们把上升趋势定义为波峰和波谷依次上升，把下降趋势定义为波峰和波谷依次下降，把震荡趋势定义为波峰和波谷横向波动。

由此，我们知道趋势是避险操作的核心内容，尤其是在技术分析这种研究方法中。图表分析使用的所有工具，如趋势线、支撑和阻力线、价格形态、技术指标等，它们的目的都是辅助投资者衡量市场趋势，从而顺应着趋势的方向进行交易。

【多说一句】

在期货市场中，"趋势就是朋友""永远顺势交易""禁止逆趋势交易"等随处可以听到。投资者对趋势的理解必须要透彻，这有助于我们建立起正确的投资观念和分析方法。

我们对道氏理论进行了简要的介绍，作为当前技术分析方法的鼻祖，它的基础理论是值得我们学习的。经过多年的实践，投资者们不断修正和完善道氏理论，已经得出更多的分析方法，但所有的基础逻辑大多都建立在道氏理论的基础之上。

道氏理论在全球范围的交易市场中，对于学习交易技术的人而言，有着极高的分量。我们的经验是了解其背后的逻辑，并不是死板地套用这个交易理论。在理解市场波动方面，道氏理论是不可缺的。

二、趋势的方向

前面提到的是趋势的理论背景，在股市或期货交易现实中，趋势的方向包含了上涨、下跌以及震荡三种。许多人都认为，市场上只存在上涨和下跌两种趋势，事实上市场上还包含了震荡趋势。

就历史统计数据来看，至少有1/3的时间，价格处在震荡形态中，即价格在恒定区间内波动。因此，清楚地认识趋势非常重要。价格震荡趋势表明，市场在一段时间内处于相对均衡状态。也就是说，在一定价格区间中，供求双方的力量达到了相对的平衡。在实际的交易市场中，很多投资者把震荡趋势叫做"没有趋势"。

技术分析中大多数分析系统和分析工具都是顺趋势分析，主要目的是追随上涨或下跌的趋势市场。当市场进入这种震荡趋势或者说"没有趋势"的阶段时，很多分析方法通常表现一般，甚至不起作用。在这种市场横向震荡的时期，技术分析类的投资者通常是受挫的。对顺应上涨趋势或下跌趋势的分析方法和操作系统来说，首先必须有趋势可循，之后才能施展功效。

三、趋势的类型

趋势不但具有三个方向，通常还可以划分为三种类型。这三种类型分别是主要趋势、次要趋势和短期趋势。在期货市场中，从几分钟或几小时的短暂趋势开始，到延续数日、数月甚至数年的长期趋势为止，随时都有多个大大小小的趋势同时并存、共同作用。然而，大多数技术分析人员对趋势的分类都限于上述三种。

每个小趋势都是比其更长期趋势的一个组成部分。比如说，次要趋势便是主要趋势中的一部分。在长期的上涨趋势中，市场价格会短期暂停上涨或有一定幅度的回调，之后再恢复上涨。

就牛市特征来说，价格趋势表现为主要趋势，其由多次主要上升动力所组成，而在波动过程中，可能有几次被下跌打断，如回调期、疲软期，导致交易者误以为开始趋势翻转。在整个价格向上波动周期中，回调期间或回调幅度都应该比上涨期间或上涨幅度短或小。因此，整个长期趋势波动过程通常由几次短期或中期趋势下跌和上涨，如此反复，形成完整的上升趋势。熊市则刚好相反，虽然模式上不是完全复制，但规律上是相对一致的。

【多说一句】

道氏理论指出，期货、股票价格会随市场趋势同向变化，以反映当下市场趋势状况。其变化表现分为三种趋势：主要趋势、中期趋势以及短期趋势。这三种趋势也可以归纳为主要趋势与次要趋势（见图7-10）。

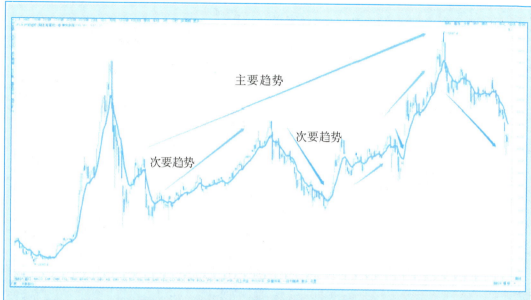

图 7-10 沪深 300 指数期货

如图 7-10 所示，主要趋势往往持续 1 年及以上，大部分价格将随趋势上升或下跌，幅度一般超过 20%。中期趋势与基本趋势方向完全相反，持续期超过 3 周，幅度为基本趋势的 1/3 至 2/3。短期趋势则反映价格短期变化，持续时间不超过 6 天。

【多说一句】

不同投资者理解的趋势往往不同，往往容易产生混淆和矛盾，这主要是因为对趋势类型的理解不同。在长线投资者看来，几天至几周的价格变化或许都无关紧要；而在短线投资者看来，持续几天的价格变化就已经能构成趋势了。因此，当我们讨论市场时，需要清楚讨论趋势的时间规模是否一致。

这就延伸出一个重要的观念，投资者在执行交易策略时，必须在交易工具、方式、模式、资金管理、仓位控制等维度上保持一致性，不能混淆。很多投资者会投资失败就是在这个一致性上犯了许多错误，或者重复犯下相同的错误，最终导致持续性亏损。

投资者在为企业进行避险操作时更是如此，企业提供的基本面信息需要投资者有效配搭市场面变化、交易系统应用等，从而为企业提供最佳的服务。

四、趋势会转弯

时间在投资者进行行情判断时起着很重要的作用，一个已形成的趋势在短时间内不会发生根本性的改变，中途出现反方向波动对原来的趋势不会产生太大的影响。一个已经形成的趋势不可能永远不变，经过了一定时间后会有新的趋势出现。循环周期理论着重关心的就是时间因素，强调时间的重要性。从某种意义上可以认为空间是价格的一个方面，指的是价格波动能够达到的极限。

【多说一句】

如果趋势不转弯，我们就没有交易机会，也不符合市场运行逻辑。

如图 7-11 所示，我们可以简单地看到从一个低点（箭头向下）到下一个高点（箭头向上）；之后，重复前面的模式，又是一个低点到另一个高点；直到趋势结束，开始进入下跌趋势。最后一个向下箭头跌破上一波起涨点，表示趋势翻转了，由上升趋势转化为下降趋势。

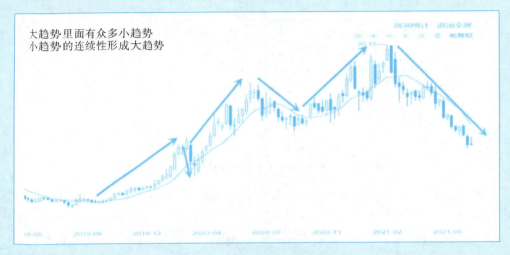

图 7-11　上升趋势与下降趋势

如图 7-12 所示，我们可以看到在整体的上升趋势中，有小的波段走势，较长的上涨趋势连接较短的下跌趋势。在分析价格趋势时，存在两个低点与一个高点，我们可以画出上涨趋势（通道）。如图 7-13 所示，我们可以看到上升趋势依旧，但是，链接的两个低点一个高点已经有所变更。这里需要说明的是，上涨趋势没有改变，但是上升通道的倾斜度有所改变，上升通道斜率变缓，表示期货价格的上涨动力减弱了。

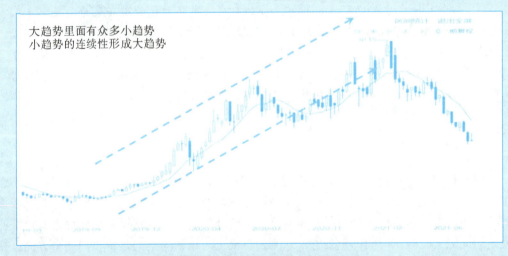

图 7-12　趋势由两个低点一个高点组成

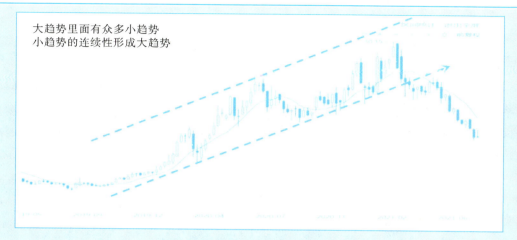

大趋势里面有众多小趋势
小趋势的连续性形成大趋势

图 7-13　趋势斜率会改变

如图 7-14 所示，我们可以看到上升通道（上涨趋势），已经变为下降通道（下跌趋势）。这样的变化，不论在哪一个品种、市场，都会有如此的规律。借此规律，投资者可以根据自己的操作习惯和仓位控制，进行买入多单的平仓和空单的建仓，进而得到自己想要的结果。

从结论来说，趋势是会转弯的，但何时转弯却是所有市场参与者无法事先预知的。

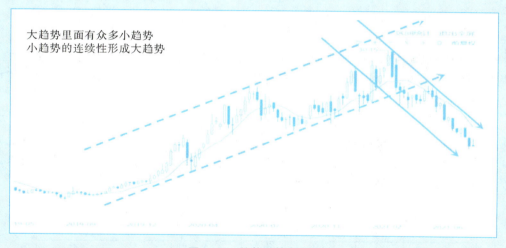

大趋势里面有众多小趋势
小趋势的连续性形成大趋势

图 7-14　趋势反转有规律

【多说一句】

通过长期的经验总结，投资者能够逐渐看到大趋势的演化，并正确理解趋势变化的规律，从而进行相应的操作。这一点对投资者来说是极大的考验。投资者一旦跨过了这个坎，那么后面各个类型交易策略的模式设计就变得更加容易了。如果投资者目前无法理解趋势的应用，表明投资者的努力方向可能有问题，应该及早在趋势变化的研究与学习上下功夫。

第四节　趋势的支撑与压力

从如图 7-15 所示的上升趋势中，交易者可以发现"底部垫高"现象。这时候的底部一个比一个高，而且有明显的延续性。在投资者判断趋势时，这个连续性现象非常重要。当这个连续性现象消失时，意味着趋势产生了变异或增加了变数。此时，投资者应当要注意趋势的改变。

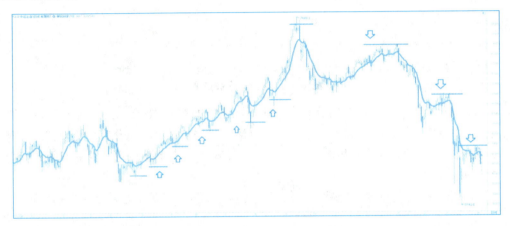

图 7-15　底部垫高

反之，在下降趋势中，箭头是向下的，而且存在连续性。投资者或许已经发现，在上升趋势与下降趋势中，出现箭头的数量是不一样的。这表明，上升趋势通常是比较缓慢的，而下跌趋势是比较快速的。

在趋势的判断中，投资者还可以通过成交量、持仓量、价格等组合方式进行解读，尤其是持仓量与成交量和价格的组合，更是全球范围内的期货投资者常用的分析方式（见表7-1）。其内容主要表达一个重要信息，即期货市场多空双方的优劣势变化。在投资者心理因素作用下，价格总是会回归到应有的趋势通道之内。

表 7-1　持仓量与成交量和价格

编号	价格	成交量	持仓量	原因	趋势
1	↑	↓	↑	新多单进场	多方优势
2	↑	↑	↑	新多单进场	多方主导
3	↑	↑	↓	空单平仓出场	空方弃守
4	↑	↓	↓	空单平仓出场	空方观望
5	→	↓	↑	多空同步进场	多空势均力敌
6	→	↑	↑	多空交战激烈	多空同步扩张
7	→	↑	↓	多空持续出场	多空加速离场
8	→	↓	↓	多空静待变化	多空观望为主
9	↓	↑	↓	多单平仓出场	多方弃守
10	↓	↓	↓	多单平仓出场	多方观望
11	↓	↓	↑	新空单进场	空方优势
12	↓	↑	↑	新空单进场	空方主导

【多说一句】

　　图 7-16 显示了一个新空单进场的例子。在价格下跌过程中，成交量增加，同时持仓量也增加，属于编号 12 的模式。在价格下跌趋势中，该模式得到验证。

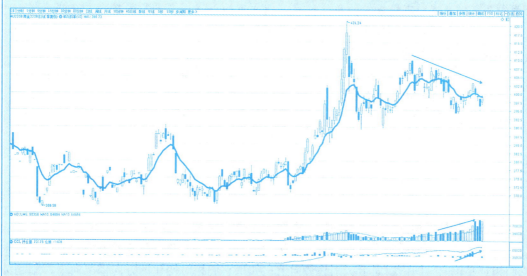

图 7-16　新空单进场模式

　　图 7-17 显示了新多单进场的例子，在价格上涨过程中，成交量增加，同时持仓量也增加，属于编号 2 的模式。在价格上涨趋势中，该模式得到验证。

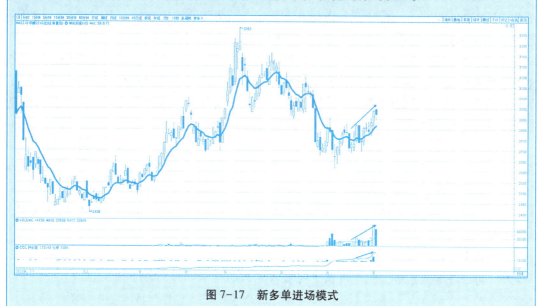

图 7-17　新多单进场模式

【多说一句】

　　在理解趋势时，期货市场没有股票市场的筹码限定。在股票市场，股东人数可以因时因地而有增减，但股票发行量是不能改变的，因此在理解趋势时，股票市场可以用筹码变化来理解市场成本的高低位置。期货市场则不同，期货的持仓量与成交量并没有上限。也就是说，只要市场多空双方合理成交，那么数量增长上就没有上限，持仓量和成交量的总量可以持续扩大。

　　历史经验总是告诉我们，在上升趋势中，任何压力都不是压力；相对地，在下降趋势中，任何支撑都不是支撑。

第五节　价格形态

　　价格形态是市场价格图表上的特定图案或花样，具有一定的预测性价值。

　　我们已经对趋势做出了解释，将其定义为一系列依次上升或下降的波峰和波谷。如果它们相对变化的方向依次向上，则趋势向上；如果它们相对变化的方向依次向下，则趋势向下。在相当长的一段时间内，市场价格是处于横向震荡延伸的过程中的。也正是这种横向延伸的市场运动，组合成了我们所需要了解的价格形态。

　　趋势的形成不是偶然的或突发的。事实上，趋势在发生重要转变之前，大多数时候是需要一段酝酿时间的。当然，这种酝酿并不意味着趋势将一定要逆转，有时候这只是既存趋势的短期休整，之后随着原有趋势方向继续运行。

　　价格形态包含两种主要的分类，即反转形态和持续形态。反转形态意味着趋势即将或正在发生重要反转，持续形态则是市场价格经过一波上涨或下跌后，在短时间内进行一定的休整或回调，之后沿着之前的趋势继续发展。我们对价格形态的学习，最主要的目的就是尽早地在价格形态形成的过程中，判别出当前价格形态所属的类型。

【多说一句】

　　价格形态本质上就是趋势理论的进一步形象化。在一段时间内，波峰波谷的位置变化，构成了特定的价格形态。价格形态是技术分析的重要组成部分，值得投资者深入学习。

　　价格形态的认知应该着重对大趋势的辨识和学习，也就是对大方向的判读技术的学习。用经济学的术语，就是认识宏观数据方面的技术问题。换个方式理解，一个人看不懂人生方向则容易迷茫甚至误入歧途，因此学习好趋势辨识技术是相当重要的。

一、反转形态

常见的主要反转形态有头肩形态、双重底（顶）、三重底（顶）、V字形态等。我们需要研究价格本身的变化过程、其变化在图表中的显示、判断的方法。同时，我们还需要研究价格形成时交易量的形态和价格形态的测算意义。

交易量在大多数的价格形态中，都有着重要的验证作用。在趋势不明时（实际的投资交易中这种情况会很多），对比一下价格和当前交易量的情况，对判断当前价格形态是否可靠有相当重要的作用。

不同的价格形态具有其具体的测算技术，可以测算出价格目标。虽然这些价格目标只是对当前市场价格下一步运动的大致估算，但能帮助投资者确立风险收益比例，进而确立自己的仓位和风险控制比例等。

反转形态的基本特征如下：

（一）趋势的存在是反转形态的前提条件

趋势反转的前提条件是事先存在趋势。市场价格必须先有明确的趋势性，之后才谈得上反转。在实际的交易市场中，有时候会出现一些与反转形态相似的图形，但是如果之前并没有明显的趋势存在，那么趋势的反转便无从说起，即使有趋势的变化，之前反转形态的意义也较为有限。我们在辨识反转形态的过程中，需要正确把握趋势的总体结构，并在可能出现反转形态的阶段提高警惕。这是我们有效地判断价格形态的关键。

反转形态是对之前趋势的转变，有趋势可反转，这样才有了测算的意义。之前的趋势给出了测算的参照，在不考虑其他综合因素的情况下，单纯地从趋势反转形态来测算，前一轮趋势的起点则是趋势反转后的最大目标位置。例如，某商品价格前面出现了一轮牛市，价格大幅上涨，在顶部出现反转形态后，如果单从反转形态来测算，价格的最大下跌空间将回到前一轮牛市的起点。

（二）趋势线的突破是反转形态的重要信号，即打破原有的趋势

我们确定反转形态是否成立，通常是以价格是否突破重要趋势线为信号，重要趋势线的突破意味着价格趋势的转变。主要趋势线被突破，并不意味着趋势一定反转，这个信号根本的意义是表示原趋势正有所改变。市场价格是否形成反转，通常需要持续跟踪确定。

（三）反转形态的规模越大，反转后的趋势性也会越强

形态的规模越大则随之而来的市场动作也就越大。这里所谓的规模，是指价格形态高度和宽度，也可以理解成价格形态形成的时间和空间。高度代表着形态波动的强度，也就是价格形态的整体波动幅度；宽度代表着形态从开始到形成持续的时间。形态的规模越大，即价格在形态内波动的幅度越大，持续的时间越长，那么该反转形态就越重要，趋势反转后的价格运动的空间也就越大。

这一点可以和前面讲到的趋势的级别联系起来，在不同周期的趋势中，趋势反转形态代表的意义也不同。有的投资者甚至在分时图和分钟图中去看反转形态，虽然这也是可以的，但值得注意的是，分析的时间周期越短，价格形态存在的变数就越多，即准确性会越低。对日线、周线以及月线级别反转形态的分析，价格形态的形成会更加合理，准确性会

更高。在短周期的形态分析中，价格形态的形成涵盖了很多非理性因素，以至于后期市场会修正这些不确定的因素而导致价格形态的失效。在长周期的形态分析中，投资者有充足的时间进行信息的收集和分析，投资者行为更为合理，这也是长周期价格形态更加有效的根本原因。

（四）顶部形态通常波动会更加剧烈，波动时间会相对底部更短；底部形态的价格波动范围通常较小，但其形成的时间一般较长

与底部形态相比，顶部形态的持续时间较短，价格的波动幅度较强。在顶部形态中，价格波动不但波动幅度大，也更加剧烈和无序，形成时间也较短。底部形态通常价格波动幅度较小，波动也不如顶部形态剧烈，但持续的时间通常相对较长。在期货市场中，市场的底部有一定的边际成本支撑，安全边际相对更加清晰，而顶部的安全边际比较模糊，市场投资者很难达成共识。因此，顶部形态的价格波动幅度和剧烈程度都会强于底部形态。

正因为如此，分析市场底部形态和市场顶部形态，通常辨别底部形态更为容易一些。因为波幅空间小，即使判断错误，损失也相应少一些，这是底部反转形态的优势。不过，顶部形态也有它的优势，即价格通常倾向于跌快而升慢。从历史的价格图表里可以看出，价格下跌的速度通常都比价格上涨的速度快。投资者在捕捉到熊市的卖出机会的时候比抓住牛市的买入机会的时候，盈利快得多。回归本质而言，这一切都是风险与回报之间的平衡。

（五）交易量是反转形态的重要参考

任何形态在完成时，都应该伴随着交易量的显著增加。市场价格向上突破信号时，交易量显得更加重要。交易量一般应该顺着市场趋势的方向相应地增长，市场投资者的情绪形成共振，交易量会随之相应地增加。这是验证价格形态完成与否和是否持续的重要线索。但是，在趋势的顶部反转的早期，交易量并不如此重要。在形态形成的早期，市场分歧较大，多数稳健型投资者选择离场观望，而相对激进型投资者会在市场里博弈，在市场竞争中慢慢达成共识，从而导致价格形态的形成。这个过程中，稳健型投资者会逐渐入场，交易量也会相应提升，最终市场达成一定的共识而形成趋势。在顶部反转过程中，交易量的参考意义相对较小一些，因为安全边际不明显，稳健型投资者入场速度会相对较慢。然而，在底部反转过程中，交易量的相应扩张却是必需的。如果当价格向上突破的时候，交易量形态并未出显著增长的态势，那么整个反转形态的可靠性就值得思考了。

【多说一句】
　　大多数投资者在学习价格形态的时候都是直接引用常见的价格形态，他们对价格形态的基础理论和特征并没有较为深刻的理解，导致在实际的应用中做不到运用自如。在期货市场中，价格形成的形态大多数时候并不会是标准的常见形态。如果投资者没有较强的理论基础，就难以真正辨别非标准类的或部分变形的价格形态。

二、头肩形态

头肩形态被大部分投资者认为是最著名、最可靠的反转形态。由于头肩形态比较重要，同时很多反转形态也是它的变形体。下面将对其进行较为详细的介绍。

所有反转形态其实都是从趋势概念进一步提炼总结出来的。例如，在上升趋势中，趋势在面临改变之前，依次上升的波峰和波谷首先把上涨势头逐渐放缓，随后上升趋势停止，价格横向延伸。此时，市场投资者之间就会产生一定的分歧，供求双方的力量对比处于相对平衡之中，价格形态也就在这个时候慢慢形成。供求双方经过一段时间的博弈，最终胜出的一方就会导致价格打破横向延伸的平衡，反转形态就是上述调整的横向交易区间底部支撑被打破，从而使市场确立了新的下降趋势，反转形态形成。新的下降趋势具备依次降低的波峰和波谷。

我们从标准的头肩形态价格图分析来看（见图 7-18 和图 7-19）。在 A 点之前，价格呈现出上升趋势。价格到达 A 点，上升趋势明显，交易量在价格上升的同时，也相应地扩大，标准的上升趋势表现。随后价格调整性下降至 B 点，交易量下降，符合价格调整要求。受到趋势线支撑，价格继续保持上升趋势运行到 C 点，这一轮价格的上升突破了前期的新高 A 点。值得注意的是，其交易量同前一轮上涨时的交易量相比有了小幅的减少。这点变化还不足以说明什么问题，但投资者需要注意到这个变化的存在。

价格跌回到点 D，此时价格趋势出现了一定的变化，价格跌破了原有的价格趋势线，也跌破之前的高点 A。价格在创新高后，前一次的高点对上升趋势的价格是有支撑作用的。这次价格下跌明显低于 A 点，并且接近了上一次波谷 B 点，这个信号说明上升趋势已经有所放缓。

市场价格再次上升到 E 点便开始回落，波峰 E 点没有高于上一轮的高点 C 点，同时交易量萎缩。从上升趋势的定义可以看出，上升趋势要持续发展，则每一轮波峰高点都必须超过前一轮的波峰高点。E 点已经不满足上升趋势的要求，反而满足了新的下降趋势所要求的一半条件，即有依次下降的波峰。

在之前价格到达 D 点时，主要上升趋势线（线①）通常已经被跌破，重新构建新的趋势线（线②）。这时市场给出的信号是市场价格上涨放缓，价格达到 E 点，再次给出的信号是上涨趋势短暂结束。但是，此时反转形态并未完全形成，如果价格没有跌破支撑线（线②），则此阶段可能只是上升趋势中的调整阶段，也就是前面说到的持续形态。

价格从 E 点回落到 F 点，价格跌破重要支撑线（线②），同时满足了新的低点低于上一轮波谷低点 D。从 C、D、E、F 四个点来看，满足了依次下降的波峰和波谷的条件，下降趋势条件成立。E 点到 F 点也叫价格突破颈线（线②），头肩顶部反转形态完成。

左肩和右肩（A 点和 E 点）的高度差不多相同，头（C 点）比两肩高。投资者需要注意在每个峰处逐渐下降的交易量。当收市价居于颈线（线②）之下时，形态完成。突破颈线后常常出现回向颈线的反扑现象，但它不应再返回颈线的另一边。

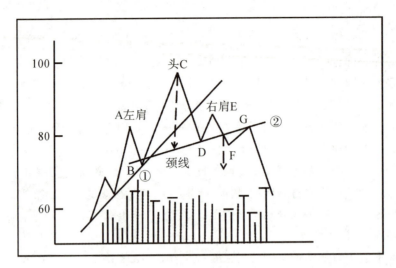

图 7-18　头肩形态

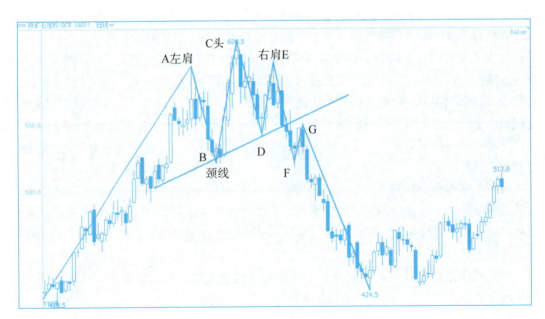

图 7-19　头肩形态实例

　　头肩顶成立的决定性因素是价格有效地突破到颈线之下。在这种情况下，我们可以确定新一轮下降趋势。头肩顶反转形态的完成后，如果其他因素导致下跌动力较强，价格则可能快速下跌。在不考虑其他因素的情况下，价格小幅反弹，再次确认颈线阻力成立的可能性较大。

　　从较为标准的头肩顶反转形态看，价格通常会出现反扑现象，即价格重新反弹回颈线（线②）或者上一轮的低点 D（如点 G）。此时，价格受到较强阻力作用后快速下跌。价格的反扑现象并不一定发生，有时只能形成一段极小的反弹。

　　价格下降跌破颈线位置的交易量值得关注。如果在突破颈线的阶段交易量较大，说明空方实力较强，那么反扑的余地便大为减小。反过来，如果初始突破时的交易量较小，那么反扑的可能性更大。无论如何，此时反弹的交易量应该以缩量进行，如果反弹交易量过大，此时头肩顶反转形态的有效性值得投资者谨慎对待。

头肩顶形态有三个明显的波峰，中间的波峰稍高于双肩的波峰，因此我们形象地将此形态叫做头肩顶形态。颈线是头肩顶形态的关键位置，是否有效突破是形态能否形成的重要标志。上述的头肩顶形态是比较标准的形态。在实际的交易市场中，由于市场各方面因素的影响，最终形成的头肩顶形态可能有所变形，交易量也不一定如上述的设立，在实际判断中应结合实际情况而定。

【多说一句】

标准头肩顶形态的整体形态判断相对难度不大，我们要灵活地看待一些头肩顶的变形形态，这需要投资者对头肩顶形成的本质（趋势的定义）有清晰的认识。

价格突破颈线位置是比较关键的，也是大多数投资者的入场点。我们要清晰地认识到价格是否为真实有效的突破。更为谨慎的投资者会选择价格突破颈线再次反弹，确认颈线阻力成立再入场。上述两种方式依据投资者的投资风格而定。

配搭价格突破过程，把必要的仓位管理进行有效的仓位配置，常常让投资者取得较好的绩效，同时风险也就相对得到较好的控制。这些连续性的动作才是投资者在进行交易时，所谓系统化交易的重要环节。

三、双重底（顶）和三重底（顶）形态

双重底（顶）反转形态比三重底（顶）反转形态更常见，这种形态仅次于头肩形，出现得比较频繁，并且易于辨识，图7-20和图7-22分别展示了双重顶和双重底的价格形态。双重底通常被称为"W底"，双重顶通常被称为"M顶"。三重底（顶）和双重底（顶）道理一样，唯一的区别是波峰和波谷的数量由两个变成了三个。

在上升趋势中（见图7-20和图7-21），市场价格在A点确立了新的高点，通常其交易量相应增加，上升趋势持续。之后，在交易量减少的背景下，市场跌至支撑位置B点，波峰和波谷位置仍然符合上升趋势。价格从B点开始继续上涨，冲击下一轮的新高位置。然而，价格上升至C点后，多头力量欠缺，价格无法突破前一轮波峰A点。接着，价格开始跌回。价格无法创出新高，上升趋势暂时停止，价格判断为横向延伸。此时反转形态并未成立，可看做短暂的持续形态。双重顶反转形态成立的必要条件是价格突破前一轮波谷重要支撑位置B点。除非发生突破，否则价格可能仅仅是处于横向延伸的调整阶段中，为原先趋势的恢复作准备。

当价格由C点跌至D点，成功有效突破B点阻力，双重顶反转形态成立。价格突破B点下跌后，价格可能会反弹再次确认B点阻力是否成立，分析方法和头肩顶一样。

标准的双重顶具有两个明显的波峰，且其价格水平大致相同。第一个波峰的交易量会相对较大，第二个波峰的交易量则相对较小。在交易量的配合下，在价格有效重要支撑位

B点，双重顶部形态完成。双重底则是价格在底部出现"W底"形态，分析方法和双重顶相反，但原理一样（见图7-23和图7-24）。

【多说一句】

双重底（顶）是最为常见的一种反转形态，反映了市场多空力量的转换。上述的双重顶是标准的双重顶形态，在实际的交易市场中，并非所有的双重顶的两个波峰都在一个高度上，很多时候第二个波峰会略高于或低于第一个波峰，投资者可以根据交易量配合的情况具体分析。

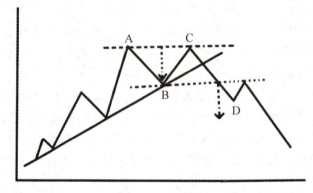

图7-20　双重顶形态

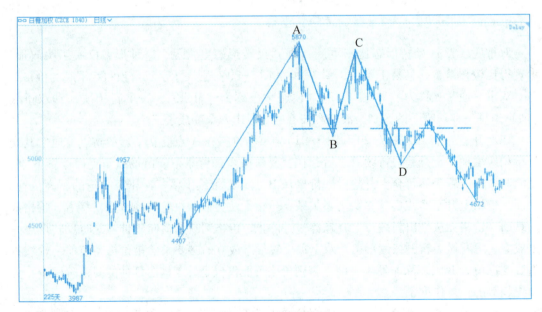

图7-21　双重顶实例

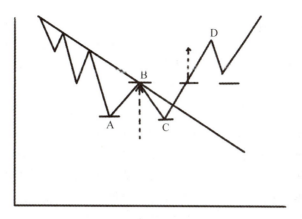

图 7-22　双重底形态

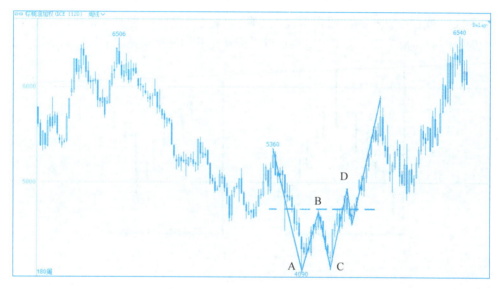

图 7-23　双重底实例

四、V 字形态

　　V 字形态并不算罕见，这种形态出现得较为突然，并且和前面几种反转形态有明显的区别（见图 7-24）。前面讨论的反转形态都代表趋势的逐渐变化，先由当前趋势逐渐放缓，之后供求双方的力量逐渐达到相对平衡，最终买卖双方通过市场竞争打破原有趋势形成反转。在前面介绍的各种反转形态中，价格都有一段横向延伸的时间，投资者能够利用这个时间段研究市场行为，仔细分析供求关系是否将发生改变，大部分的反转形态都有这个阶段。

　　然而，V 字形态代表着市场的剧烈反转，同市场逐步改变方向的其他反转形态大相径庭。当 V 字形态发生时，趋势出人意料地突然转向，价格几乎毫无先兆地向相反的方向剧烈波动。

　　V 字形态出现的前提仍然是趋势的存在，通常之前的趋势较为强势。趋势出现 V 字形的反转，这种现象更多地出现在市场价格持续的单边行情中，并且过程中很少出现价格的调整。当市场价格单边趋势较为强势，并且市场价格的运动幅度已远远超出了绝大多数人的正常预期，此时投资者就值得注意了。市场价格出现 V 字形态的概率将越来越大。V 字形态出现在期货市场里，大多数都是因为价格的极端偏离预期加上政策的因素共振导致的。例如，2021 年 10 月中旬的国内商品期货市场，以动力煤为代表，多数商品价格出现了明显的 V 字形态（见图 7-25）。2021 年 9 月，国内煤炭价格一路强势上涨，并且中间几乎没有价格的调整，从 9 月 1 日到 10 月 19 日，煤炭价格从 870 元/吨上涨到最高的 1 820 元/吨，在不到两个月的时间里，价格非理性上涨达到了 100%。此时，国家发展改革委强势实行保供稳价的政策，在价格的强势上涨和政策因素的共同作用下，煤炭价格产生 V 字形态，大幅快速下跌。图 7-26 则显示了与此例相反的情况。

V 形顶（或称长钉形顶）通常出现在失控的牛市环境中，事前市场向上伸展过度，转折点通常以关键反转日或岛形反转的形式发生。届时市场陡然反转，突然掉头。

V 形底（或称长钉形底）通常出现在下降趋势极快地反转为上升趋势，事前毫无征兆，中间也没有转换阶段。这可能是最难以识别和交易的价格形态了。

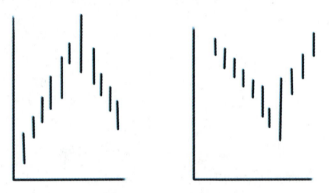

图 7-24　V 字反转形态

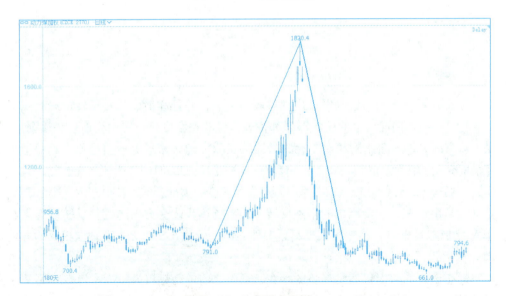

图 7-25　V 字形态实例 1

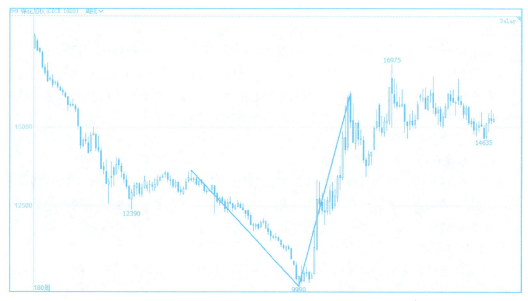

图 7-26　V 字形态实例 2

【多说一句】

在市场价格发生强势上涨或下跌时，投资者一般会面临着两难选择。一方面，市场趋势强劲，盈利较为快速且丰厚；另一方面，投资者不得不选择在恰当的时机，及时平仓出场，避免头寸亏损。这种情况下的问题是，在市场失控之后，V 字形态突如其来，即使投资者已经预先设置好了止损价位，但是由于市场在快速反转的情况下经常发生限价的情况，平仓变得更加困难。如果投资者试图猜想顶部提前获利平仓，结果通常是丧失了更多的潜在利润。

多数投资者会跟随趋势变化而平仓，导致在 V 字形态出现后才会平仓，从而使得 V 字形态的形成更加顺利。

五、持续形态

常见的主要持续形态有三角形形态、矩形形态、旗形形态、楔形形态、不规则形态等。这类形态通常表示市场价格横向震荡伸展仅是当前趋势的暂时休整，而后市场价格将与事前趋势的原方向一致。

持续形态的出现并没有改变原有趋势的运动轨迹，而反转形态则是趋势运动轨迹的改变，这是持续形态与反转形态的本质区别。持续形态与反转形态的另一个差别是它们的持续时间不同。持续形态通常维持时间较短，因为它没有改变原有趋势，在大多数情况下，属于短暂形态或中等形态。相反，反转形态的发展过程通常花费更长的时间，因为它最终的形成改变了原有的趋势，需要的力量和时间都较多。例如，一个铁球从高空坠落，中间遇到障碍物时，可能临时改变它下落的速度或短暂改变它的轨迹，但铁球最终下落的方向是没有改变的。但是，如果需要接住铁球并且向上抛，这个过程所需要的力量会更大，时间也会更长。

市场价格经过一段趋势运动后，会积累大量的获利头寸，随着获利头寸积极套现，价格将会出现回调。此时，对后市继续看好的投资者继续进场，对市场价格构成支撑。随着市场价格一段时间的横向运动后，获利头寸被消化掉，市场重新积聚单边趋势能量，从而价格恢复先前的趋势继续运行。这就是持续形态形成的原理。

持续形态的基本特征如下：

（一）市场有趋势的存在是前提

和反转形态一样，判断持续形态的前提仍然是市场已经存在了趋势。不同的是持续形态之后，原有的趋势会继续运行；反转形态之后，原有的趋势会被打破。市场有趋势是前提，没有趋势也就无从谈起趋势的持续或破坏了。

（二）持续形态一般不会打破原有趋势中的重要支撑阻力线

上一章介绍过趋势线、支撑线和阻力线，持续形态既然不会破坏趋势，那它在一般情况下就不会打破重要的支撑线和阻力线。支撑线和阻力线在市场大部分投资者心目中已经形成了一定共识，在其他条件没有改变的情况下，支撑线和阻力线就显得相当重要了。

（三）持续形态运行的时间一般跟趋势运行的角度或中长期趋势运行的时间有关

趋势的角度较陡，一般运行的时间较短；趋势的角度较缓，一般运行的时间稍长。持续形态运行的时间较长，中长期趋势运行的时间也一般较长；持续形态运行的时间较短，中长期趋势运行的时间也一般较短。

（四）持续形态价格运行的幅度一般来说不会太大，通常在一半之下

价格趋势的形成是大部分投资者一致性行为导致的，是市场投资者共同作用的结果。通俗地说，大部分投资者的观点达成了一致，而持续形态不会改变原有的趋势方向，也就意味着市场投资者的观点没有产生太大的分歧，从而使价格的波动幅度不会太大。价格的波动幅度加大是市场投资者的分歧较大时产生的，也意味着市场原有趋势有可能改变。

（五）上升趋势中的持续形态通常伴随着交易量的逐步缩减。

持续形态的形成通常是由于短线投资者获利了结或长线投资者调仓行为引起的，并非市场出现分歧，因此在持续形态的中后期，市场的交易量会逐步缩减。这代表着多数投资者的短期行为结束，也意味着持续形态即将结束。

【多说一句】

反转形态和持续形态是对历史经验的总结，并不是绝对的，甚至有时我们对价格形态所做的分类也是模棱两可的。三角形形态通常属于持续形态，但有时也会作为反转形态出现；头肩顶（底）形态这种最著名的主要反转形态，偶尔也会以调整形态的面目出现。投资者只要对价格形态分析得当是可以确定当前形态后大概率可能出现的市场行为的。

六、三角形形态

三角形形态属于持续形态。这类形态通常表示为价格的横向伸展只是原有趋势的暂时休整，休整结束后市场价格将与事前趋势的原方向一致。三角形形态可以分为三类：对称三角形、上升三角形和下降三角形。

（一）对称三角形

对称三角形通常属于持续型形态。它表示原有趋势暂时处于休整状态，随后将恢复原有趋势方向继续运行。在如图7-27和图7-28所示的例子中，原来属于上升趋势，最终可能性较大的是以价格向上突破来结束这场对称三角形形态的调整。如果原来趋势向下，那么大概率是价格将向下突破来结束对称三角形的调整。

在对称在三角形中，我们要求其中至少有四个转折点。因为至少需要两个点才能做出一条趋势线，所以为了得到两条聚拢的趋势线，价格在每根线上必须至少发生两次转折。在图7-27中，三角形实际上从点1开始，这也就是上升趋势的调整开端。接着价格撤回点2，之后上冲到点3（点3低于点1）。仅当价格从点3再度回落之后，我们方能做出三角形的上边趋势线。点4高过点2，仅当价格从点4向上反弹之后，我们才能做出三角形的下边趋势线。四个转折点（点1至点4）做出的两条趋势线形成了对称三角形形态。对称三角形形态最低要求是四个点，当然也可以更多，但最终与形成三角形的道理是一样的。

对称三角形中两根趋势线是相互聚拢的。无论收市价格超出哪一根趋势线，都宣告这种形态完成。左侧的竖直线段是它的底边，右侧的两线交点为顶点。

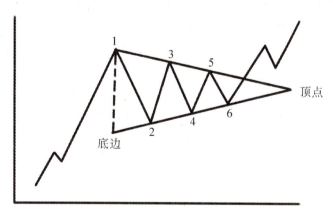

图7-27 对称三角形形态

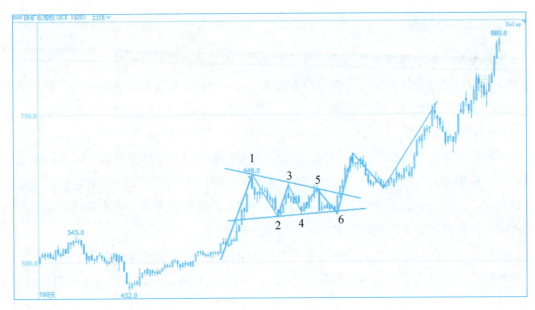

图 7-28　对称三角形形态实例

三角形形态具有时间极限。三角形的两条趋势线最终会交于一点，也就是说三角形形态具有时间的极限。价格横向延伸，越接近趋势线相交点，价格突破概率越大，也意味着三角形形态即将结束。三角形构成了价格与时间的一种有趣的组合。它聚拢的趋势线界定了形态的价格边界，我们可以根据价格对趋势线的突破，判断何时该形态完成和原趋势恢复。同时，两条趋势线限定了价格波动的幅度，也限制了时间的长短。

实际的趋势性信号是以价格有效突破某条趋势线为标志的。在上升趋势中，上边的趋势线被突破后会变成支撑线。在下降趋势中，下边的趋势线被突破后会变成阻力线。在突破后，顶点也构成重要的支撑或阻力水平。价格有效突破最低原则是收盘价突破两条趋势线之一，而不能仅仅是一日内最高点和最低点的突破。

在三角形内，价格的波动幅度越来越小，交易量也相应地减少。这种交易量收缩的现象，在所有的调整性形态中都普遍存在。但是，当趋势线被突破从而形态完成时，交易量应该有明显地增加。如果存在反扑，交易量减少。随后趋势恢复时，交易活动更加活跃。

同反转形态的情况一样，交易量在向上突破时比向下突破时更具重要意义。在所有调整形态中，当上升趋势恢复时，交易量相应地增加都是至关重要的。在向下突破时，交易量虽然也重要，但重要性稍显次之。

【多说一句】

在价格出现单边趋势后，三角形形态有价格逐渐收敛的特征。单边趋势出现三角形形态，后期延续之前单边趋势概率较大，是建仓和加仓的好时机。三角形形态支撑和阻力都较为明显，并且安全边际相对较高，是趋势交易中值得重点关注的价格形态。

（二）上升三角形和下降三角形

上升三角形和下降三角形都是对称三角形的变形体。上升三角形上边趋势线持平，而下边趋势线则逐渐上升。该形态意味着，买方比卖方更为积极、主动。它属于看涨形态，通常以向上的突破作为完结的标志。下降三角形则相反（见图7-29至图7-32）。

上升三角形和下降三角形均与对称三角形有着很重要的区别。上升三角形或下降三角形无论出现在趋势中的哪个部分，都有着较为明确的预测意义。上升三角形看涨，下降三角形看跌。对称三角形在本质上属于中性的持续形态。不过，这并不是说对称三角形不具备预测价值。因为对称三角形是持续形态，所以投资者只需要找出原有趋势的方向即可。

上升三角形和下降三角形的突破，以价格有效突破水平趋势线为标志。正如各种有效突破那样，此时交易量应当有相应的配合增加。随后水平趋势线变成支撑线或阻力线。

上升三角形中上侧直线水平，而下侧直线向上倾斜。一般来说，它属于看涨形态。

下降三角形中下边线水平，上边线下斜。一般来说，它属于看跌形态。

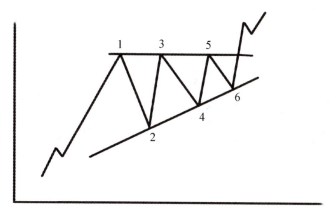

图7-29　上升三角形形态

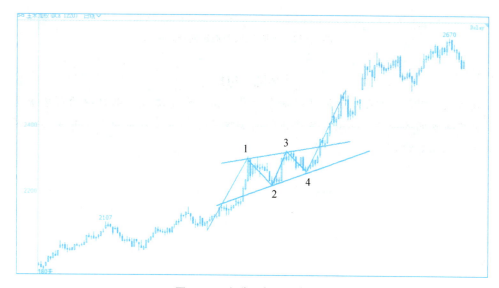

图7-30　上升三角形形态实例

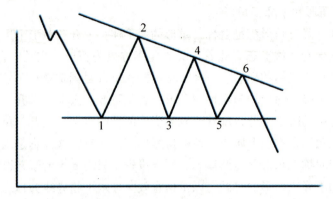

图 7-31　下降三角形形态

图 7-32　下降三角形形态实例

【多说一句】

通过趋势概念的学习，我们可以知道上升三角形和下降三角形自身的形态中是存在多空力量强弱区别的。在没有其他条件的影响下，上升三角形和下降三角形的预测意义是比较显著的。

那可不行，技术指标只是辅助手段，而且技术指标是通过价格计算得出的，也就是说先有价格才有技术指标，技术指标并不能预判价格走势，只是分析价格走势的辅助工具。

那老师之前还让我们学习K线图，直接学习技术指标不就好了嘛。

非常多，我知道的都有上百种，投资者还可以根据自己的需要编写技术指标。我们通常会把技术指标分成趋势指标和震荡指标两大类。像平均线等都是我们常见的技术指标。

那这种技术指标工具有很多吗？

其实技术指标的原理并不复杂，主要看自己怎么使用了。

很多时候越简单的使用方法越有效。有些人喜欢设置很多条件，最终得到的结果并不一定理想。

但是都有一个前提；

那就是必须知道你所使用指标的基本原理是什么和适合在什么样的行情下使用。

听起来好像很复杂。

明白了！

我们学习的时候会多注意它的基本原理的。

第八章　了解技术指标,科学辨识行情

本章引言

在第六章与第七章的基础上,读者在本章可以看到几个非常有效的技术指标。由于技术指标的产生来自统计学的工具应用甚至是数学的逻辑加持,对于一般投资者来说有一定的难度,因此最初市场推广者为了方便把技术指标做了很简化的处理。这一点无可厚非,可也让许许多多投资人辛苦了好长时间,才能正确认识技术指标的驾驭方法。在技术指标还在被不少投资人误用的时候,我们建议读者好好学习理解统计学之后,再把统计学的应用技巧使用到技术指标之上。

本章主要介绍技术指标概述,移动平均线的原理、移动平均线的特点、移动平均线的常见用法,布林线的原理、布林线的应用,MACD 指数平滑移动平均线,KDJ 指标,等等。

我们可以将市场的实际走势理解为只有上涨与下跌两种。如果将各类技术指标所指引出来的走势与交易策略结合的话,那么市场趋势只有一种,那就是获取收益。在浩瀚的交易市场中,我们要学会的东西很多,技术指标只是其中的一种底层工具。

第一节　技术指标概述

技术指标是指在期货市场技术分析过程中，引用数理统计方法，运用一些复杂的计算公式推理，同时考虑市场行为各个方面因素，建立一个数学模型，给出数学和统计学上的逻辑计算，从而得到一个体现价格趋势的实质数字。

这个数字叫指标值，如 10 天平均价格为 100。这个 100 就是指标值，它与价格的相互关系直接反映市场趋势的状态，为投资者的操作行为提供方向上的引导作用，但没有决定性的指导作用。

技术指标跟随价格产生的变化和发出的买卖信号，是市场行情反映到指标中的数值，也是市场行情本身正在发生的变化。假如市场价格不发生变化，则技术指标值也不会显示和发出信号。因此，技术指标反映的是市场价格的过去，预测的是未来价格走势的可能性。

每一种技术指标都是片面的和局部的指标，都有自己的局限性。每一种指标所选的参数和变量都只能反映价格的部分走势，不能完全真实地反映期货市场价格的基本面、技术面、政策面以及资金面等因素，也不能实时应对市场上不断改变的投机操作手法。

图表分析在很大程度上是主观的，很难量化地得出结论。不同的投资者也许会对同一个价格形态到底属不属于三角形形态，或者对同一个价格形态到底是持续形态还是反转形态持有完全相反的看法。与此相反，技术指标的分析却是可以量化分析的，比如移动平均线的规则可以简单地编成计算机程序，之后由程序来执行指标所产生的各种买入或卖出信号。

市场上的技术指标已有上千种，大多数都使用与移动平均线相似的原理，采用短期快速移动平均线上穿和下穿长期慢速移动平均线，产生交叉而提示买卖信号。根据对几十种技术指标的统计，我们发现这些技术指标并不能在所有市场行为中都具有指导作用，这和技术指标的局限性相印证。技术指标分析主要有动量指标、相对强弱指数、随机指数等。我们可以将技术指标分为两大类：一类是趋势型指标，如平均线、布林线等；另一类是震荡型指标。

【多说一句】

我们一直认为，使用技术指标的投资者应该学习它的数学和统计学原理，不然会误用公式本身的设计思维、理念，更可能错误地应用于交易中。

在技术指标的运用上，我们应该通晓其适用的场景。技术指标如与趋势线理论相结合，根据统计可以得知，当技术指标发出买进看涨信号时，如果价格处于上升趋势，价格上升的概率可以大于 50%；如果价格处于下降趋势，价格上升的概率则小于 50%。

依据技术指标对趋势变化的分析结果，必须与资金配置搭配在一起，构建适宜的交易系统，从而进行操作。

第二节　移动平均线

一、移动平均线的原理

在所有技术指标中，移动平均线是投资者在分析价格趋势时最常用也最重要的统计工具之一。目前，被知晓的多种技术分析中，移动平均线代表市场成本价格分布这个逻辑非常重要。它的构造方法简单，而且易于定量分析，因此构成了绝大部分顺应趋势系统的运作基础。

移动平均线正如"平均"二字所指，是最近 N 天收市价格的算术平均线。所谓"移动"，是指我们在数学计算中，始终采用最近 N 天的价格数据。因此，被平均的数组随着交易日的更迭，逐日向前推移。以 10 日均线为例，我们在计算移动平均值的时候，通常的做法是采用最近 10 天的收盘价，把新的收盘价逐日地加入数组，而往前倒数的第 11 个收盘价则被剔除。之后我们把新的总和除以 10，就得到最新一天的平均值。

上述移动平均线是最为普遍应用的移动平均线。随着市场的研究和发展，各类加权平均线也在其基础之上应运而生，其他计算移动平均值的方法并不都如此简单。

二、移动平均线的特点

移动平均线本质上是一种趋势追踪工具。其目的在于识别现存趋势相对旧趋势的改变及新趋势正在形成的契机。我们可以用它来跟踪趋势的进程，也可以把它看成弯曲的趋势线。投资者用移动平均线跟踪趋势时必须明白，图表分析从不企图领先于市场，移动平均线也不例外，它并不是对市场的趋势做出预判。只有当事实发生以后，它才能告诉投资者，新的趋势已经启动。移动平均线具有滞后的特点。

移动平均线是一种平滑价格的工具，投资者通过计算价格的平均值，可以得到一条起伏较为平缓的曲线。投资者通过对移动平均线的研究和观察，简化了探究潜在趋势的工作，并以量化的形式体现出来。

根据计算的天数不同，移动平均线也可以大致分为短期均线和长期均线，比如 5 天或 10 天的短期均线、60 天或 120 天的长期均线。短期均线对价格变化更加敏感，长期均线则对价格变化较为迟钝，尽管短期均线能减少滞后的程度，但也不能完全消除滞后的本质。在期货市场上，投资者有时候采用短期均线更有利，能迅速反映出市场价格的变化。长期均线虽然迟钝，但更能契合长期的趋势发展。两者各有所长。

图 8-1 显示的是简单的 10 天和 40 天移动平均线的组合。10 天均线的时间跨度较短，更贴近价格趋势；40 天均线的时间跨度较长，曲线更加平滑。

图 8-1　双均线

三、移动平均线的常见用法

（一）单均线的应用

单均线常常是最简单也是最有效的。投资者用单均线做交易的基本规则很简单，首先选定参考均线的周期（比如 20 日均线），当价格上升至均线之上时买入看多，当价格下跌至均线之下时卖出看空。价格的上穿下穿均线以有效穿越为信号，通常使用收盘价和均线作为对比，排除盘中价格的临时穿越信号。有的投资者也使用双日穿越作为信号，也就是连续两日的收盘价格穿越均线为信号。

均线也可以作为市场价格的趋势信号。当价格处于上升趋势中，均线持续上扬，在趋势顶部均线逐渐趋于平缓，最后掉头向下，此时可以作为趋势反转卖出做空的信号；反之可以作为买入看多的信号（见图 8-2）。

（二）双均线的应用

双均线的组合应用是当前比较常用的均线系统。这种均线系统一般由一条较长周期均线和一条较短周期均线组成，通过两条平均线在图表上的交叉来发出买卖信号。

当较短周期均线向上穿越较长周期均线的时候买入，此信号通常叫做"金叉"；当较短周期均线向下穿越较长周期均线的时候卖出，此信号通常叫做"死叉"。均线的交叉同样也作为趋势反转信号使用，均线向上出现"金叉"表示多头趋势开始，向下"死叉"表示空头趋势开始（见图 8-3）。

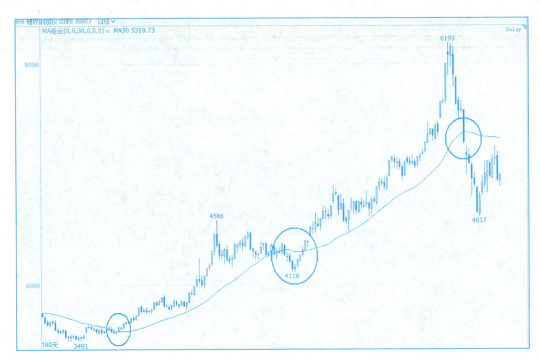

图 8-2　单均线的应用

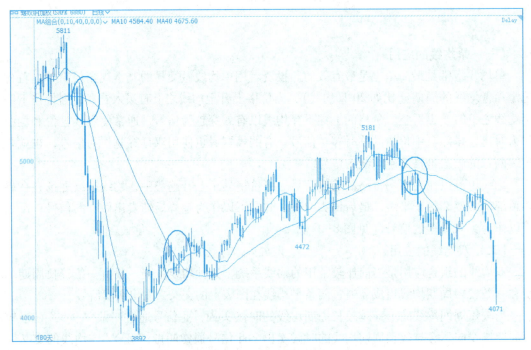

图 8-3　双均线的应用

（三）多均线的应用

多均线的应用主要体现在均线的多头排列和空头排列上。均线多头排列没有一个具体的量化的概念，需要投资者根据平时的经验来取得一个比较有效的标准。均线多头排列的基础模型为：MA（5）>MA（10）>MA（20），空头排列基础模型为：MA（5）<MA（10）<MA（20）。均线的长短和数量可以根据投资者的经验来取值。

价格在同一时间点上，均线按照短周期到长周期由上而下排列，并且方向均向上发展为均线多头排列。这意味着长短周期的均线多方力量都占优势，此时价格呈现出上升趋势，以买入看多为主。均线空头排列则相反（见图8-4）。

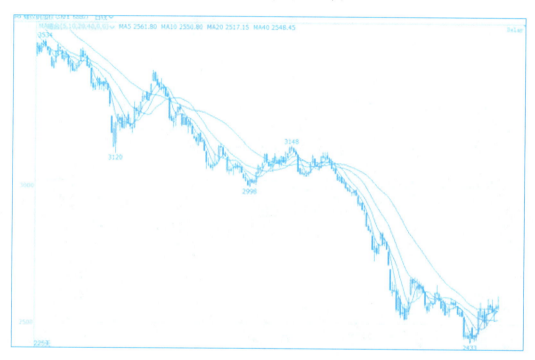

图 8-4　多均线的应用

（四）加权均线的应用

除了单纯的移动平均线外，移动平均线还有进阶版移动平均线，如五日加权移动平均线。

五日（N）加权移动平均线 =［前一天收盘价+前二天收盘价+前三天收盘价+前四天收盘价+（当天收盘价×2）］÷（N+1）

当然，投资者也可以使用十日加权移动平均线。

以死亡交叉与黄金交叉为买卖策略的模式，如图8-5出现了两个交易机会。

从符号A-的位置开始，出现死亡交叉方式，投资者可以操作新的空头仓位。之后随着市场价格下跌，投资者可以在符号A+位置，进行平仓（平仓做多）而获利了结。

在符号B+的位置，投资者可以操作新的多头仓位。之后，随着价格向上波动后，投资者可以在 B-的位置进行平仓（平仓做空）操作而获利了结。

另外，投资者也有以均线收敛为买卖策略的模式，如图 8-6 所示。

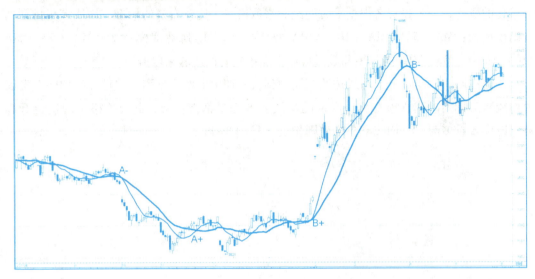

图 8-5　加权移动平均线的应用

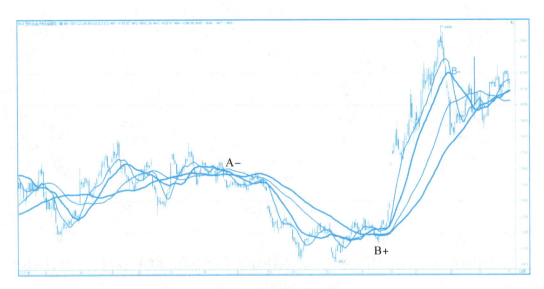

图 8-6　均线收敛的应用

在图 8-6 中，在符号 A-的位置是均线收敛向下波动的做空机会，而在符号 B+的位置出现了做多机会，投资者的操作策略就是把先前的空单获利了结，同时转换仓位方向，以建立多头仓位持有到 B-的位置。

投资者可能没有看到成交量的应用方式，主要是对于平均线操作策略来说，斜率就可以看到市场的方向（多头还是空头）与陡峭度（当下趋势的强弱度）。

【多说一句】

从实际的操作应用来说，普通投资者应当尽量避免使用过多的均线。均线越多越容易增加交易的难度，导致因信号过多而难以决策。很多投资者会采用多种均线的组合策略，但最终的效果并不如意。例如，投资者使用一条均线进行趋势判断，并且长期执行，其结果通常会比复杂得多的均线策略效果更好。

第三节 布林线

一、布林线的原理

布林线（BOLL）是约翰·布林根据统计学中的标准差原理设计出来的一种非常简单又实用的技术分析指标。一般而言，价格的运动通常是围绕某一价值中枢（如均线、成本线等）在一定的范围内变动，布林线正是在上述思想的基础上，引进了"价格通道"的概念。布林线价格通道的宽窄随着价格波动幅度的大小而变化，并且价格通道具有变异性，它会随着价格的变化而自动调整。正是由于布林线具有直观性、趋势性和灵活性的特点，布林线成为大多数投资者热衷的趋势指标。

二、布林线的应用

投资者接触的大多数技术指标都是通过数量的方法构造出来的，它们本身并不依赖趋势分析和形态分析。布林线属于比较特殊的一类指标。布林线与价格的形态和趋势有着密切的关系。布林线中的"价格通道"正是趋势理论的又一种表现形式。当价格波动较小，价格横向延伸时，价格通道就会变窄，这可能预示着市场价格处于暂时的横向震荡期；当价格波动超出狭窄的价格通道上限时，预示着价格异常激烈地向上波动即将开始；当价格波动超出狭窄的价格通道下限时，同样也预示着价格异常激烈地向下波动即将开始。

由公式可得，布林线在 K 线图上画出三条线，其中上下两条线可以分别看成期货价格的压力线和支撑线。一般来说，期货价格会运行在压力线和支撑线所形成的通道中，偶尔会有向上突破或向下跌破现象，除非趋势形成"强者恒强"走势而持续上涨，否则用不了多久，价格还会回到通道之内。

（一）开口喇叭形

在价格经过长时间的横盘震荡后，布林线的上轨线和下轨线逐渐收缩或平稳运行，然后随着成交量的逐渐放大，价格突然出现急速的单边行情。此时，布林线上轨与下轨同时向上下急速扩大，布林线上下轨之间就会形成了一个类似于大喇叭的特殊形态。我们把布林线的这种喇叭口称为开口喇叭形（见图 8-7）。

开口喇叭形代表价格短期大幅向某一方向突破的形态。开口喇叭形形成于价格经过长时间的横盘震荡后，面临着变盘时所出现的一种走势。开口喇叭形的形成必须具备两个条件：其一，价格经过长时间的横盘整理，整理时间越长、上下轨之间的距离越小，未来单边波动的幅度就越大；其二，布林线开始开口时要伴随较大的成交量。

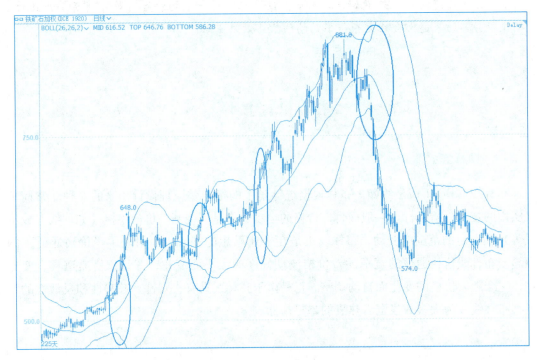

图 8-7　开口喇叭形的应用

（二）收口喇叭形

价格在短时间内大幅单边波动后，布林线的上轨线和下轨线不断扩张，上轨线和下轨线之间的距离会越来越大。随着成交量的逐步减少，价格出现休整，此时布林线的上轨线和下轨线会逐步收敛。这样布林线的上轨线和下轨线之间就会变成一个类似于倒的大喇叭形，我们把布林线的这种喇叭口称为收口喇叭形（见图 8-8）。

收口喇叭形代表价格短期出现休整的形态，形成于价格经过短时期的大幅上涨或下跌后，之前趋势暂时休整或改变的一种走势。收口喇叭形除了之前需要大幅波动外，不需要特定的成交量条件。

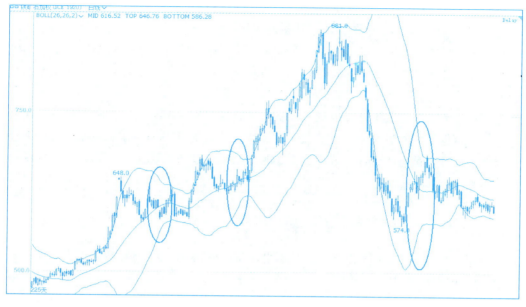

图 8-8　收口喇叭形的应用

（三）平口喇叭形

　　平口喇叭形代表价格运行较为平稳，布林线的上轨线和下轨线也在相对稳定的区间内运行。平口喇叭形包括横盘震荡、震荡上涨和震荡下跌三种情况。其一，布林线的上轨线、中轨线、下轨线均横向运行，代表价格处于横盘区间震荡；其二，布林线上轨线、中轨线、下轨线均向上运行，代表价格缓慢震荡上涨；其三，布林线上轨线、中轨线、下轨线均向下运行，代表价格缓慢震荡下跌。平口喇叭形的特征是成交量较为温和，同时价格单边波动幅度不大（见图 8-9）。

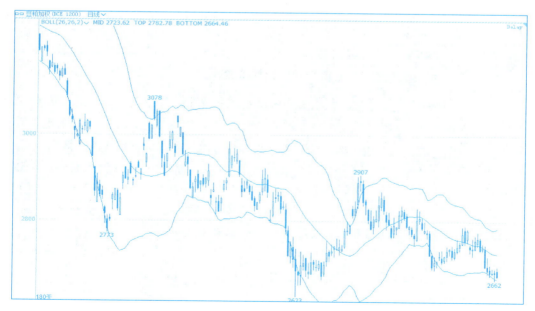

图 8-9　平口喇叭形的应用

【多说一句】

　　技术指标布林线的运用，通常与平均线一样，都是作为判断价格走势的趋势性辅助指标，即通过价格处于布林线通道内位置来判断价格走势的方向变化与走势本身的强弱程度。

　　布林线的应用通常作为判断趋势及趋势强弱程度的辅助性指标，它在交易过程中给出的具体指示并不明显。在大多数时候，投资者会把布林线和其他指标（如 KDJ）组合起来使用。在平口喇叭形中，投资者也会把布林线的上轨线、中轨线、下轨线作为支撑与阻力来运用。

【多说一句】

　　那么，布林线的操作策略如何？我们用图 8-10 来仔细说明布林线的操作。

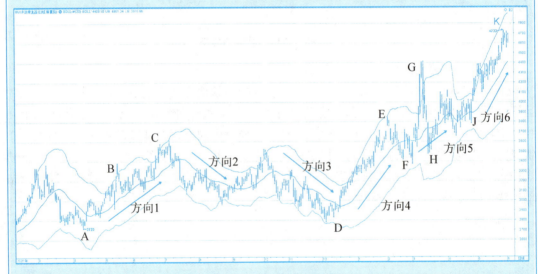

图 8-10　布林线的操作

　　从图 8-10 的最左边开始，我们看到价格出现一段上涨与下跌后，来到了 A 的位置。此位置非常接近布林线的下轨线附近，这是一个重要的信号，即一段下跌走势后价格接近下轨线。也就是说，投资者在 A 的位置可以采取建立试多单的操作策略。

　　试多单之后，价格虽然有一小段的回调现象，但在均线附近开始往上爬升，同时均线斜率（方向 1）也还是呈现上扬走势，维持了持有多单的逻辑。在回调时，如果投资者做了部分仓位的减码操作，也是合理的风险管理操作。当然，在价格再度上升时，投资者也要记得回补原先的多头仓位。直到 B 位置又是一个价格再度上升的操作机会。投资者或许有疑惑，斜率持续向上，是否可以不减码，以免消耗交易成本？长期总结的经验是，如果投资者可以承受此时的价格波动，可以不减码。

在价格到达 C 位置时，价格已经临近布林线的上轨线，表示市场价格的波动在相对高位了，交易者手上的多单可以找好价格平仓，等待下次交易机会的出现。

在 C 位置有两次机会价格要突破上轨线，但两次都失败，这表示多头的推动力开始减弱了，持有多单必须开始提高警觉。之后，斜率开始掉头向下（方向 2）也是合理的走势。

如果投资者对布林线的应用足够熟悉的话，应该可以看到从 C 位置到 D 位置，中间出现的方向 2 与方向 3 又是两个可以进行操作的机会，而这种机会的复制，就是技术工具应用的最佳写照。很多投资者认为技术指标滞后或无效，这是他们对市场心理变化所带来的统计机会不够了解而已。在期货市场，我们倾向于把技术指标当作量化统计工具与交易策略的应用组合，而不是单纯的买卖信号。

到 D 位置时，又是一段下跌走势后，价格接近布林线下轨线的做多机会，在 A 位置我们已经操作过一次，此时又是相同逻辑的又一个交易机会。

E 位置是个卖出点，多单该获利了结。不管是斜率的方向（方向 4）、陡峭度，还是价格都很稳定地显示持有多单是最有利的操作。在这个机会中，价格走势最为顺畅，也是操作最顺手的一次机会。

E 位置之后是空单操作机会，而到了 F 位置则是又一个反转机会。意思是说，价格来到布林线下轨线处是做多机会，而来到上轨线处则是做空机会。

在 F 位置做多后，市场出现快速行情，短短 7 个交易日出现了 1 000 元（约 30%）的上涨幅度。这是一个较好的学习范本，这个范本的特点是 F 位置的接近下轨线与价格形态中，出现常见的 W 底形态。这些条件的同步到位，都是多头信号的集结，有利于试多单操作策略。

在 H 位置，这是比较难判读的时刻，事后可以找到进场理由，但在当时多头动机并不是那么强烈。如果投资者在"回调有撑"的逻辑下，进行试多单操作，也是合理的。只是这种并非极端情境的进场操作，仓位越少越好。

在 J 位置之前，事实上，价格已有过一段快速下跌，之后再进入震荡向上走势，才来到 J 位置，此时斜率再度向上延伸。方向 5 表示多头趋势还在，同时表明建立多单机会到来。一般来说，此时做多的信心稍弱，但在进场逻辑明显出现前提下，交易者仍应该试多单操作。之后，方向 6 又显现一波多头行情，那么按照计划进行交易的价值就被体现了出来，直到 K 位置的出现，再度考验交易者的操作策略的有效性与否。从历史经验来看，此时价格接近到上轨线位置，而且已有 4 个交易日价格没有再创新高了，那么操作减码策略也是合理的。

后续，就是依照以上说明，不断反复应用，积累交易经验，优化操作效益，这是期货投资者运用技术工具的重要功课。

第四节　指数平滑异同移动平均线

一、MACD 指标的原理

指数平滑异同移动平均线（MACD 指标）是由查拉尔·阿佩尔（Gerald Apple）创造的技术分析工具。MACD 指标是属于趋势型指标还是震荡型指标并没有较为严格的定义，市场上的投资者对此也是各持己见。

MACD 指标是根据统计学原理，对市场价格的收盘价进行平滑处理，求出算术平均值以后再进行计算的指标。MACD 指标运用短期（常设参数为 12 日）和长期（常设参数为 26 日）移动平均线及其聚合与分离的征兆，进行双重平滑运算。

MACD 指标主要是通过 EMA、DIF 和 DEA 三者之间关系的研判，DIF 和 DEA 连接起来的移动平均线的研判，DIF 减去 DEA 值而绘制成的柱状图的研判等来分析判断行情，预测价格中短期趋势的技术分析指标。其中，DIF 是核心，DEA 是辅助。DIF 是快速平滑移动平均线（EMA1）和慢速平滑移动平均线（EMA2）的差。柱状图在软件上是用红柱和绿柱的收缩来研判行情的。

二、MACD 指标的应用

MACD 指标的分析研究主要是围绕快速和慢速两条均线，红柱线、绿柱线状况及它们的形态展开。一般分析方法主要包括 DIF 和 DEA 的数值及线的位置、DIF 和 DEA 的交叉情况、MACD 指标中的柱状图分析等。

（一）DIF 和 DEA 的数值及线的位置

当 DIF 和 DEA 均大于 0（图形上显示为处于横轴上方）并向上移动时，一般表示为价格处于上升趋势中。

当 DIF 和 DEA 均小于 0（图形上显示为处于横轴下方）并向下移动时，一般表示为价格处于下降趋势中。

当 DIF 和 DEA 均大于 0（图形上显示为处于横轴上方）但都向下移动时，一般表示价格上涨后即将进入调整或反转阶段。

当 DIF 和 DEA 均小于 0 时（图形上显示为处于横轴下方）但向上移动时，一般表示价格下跌后即将进入调整或反转阶段。

DIF 和 DEA 的数值及线的位置如图 8-11 所示。

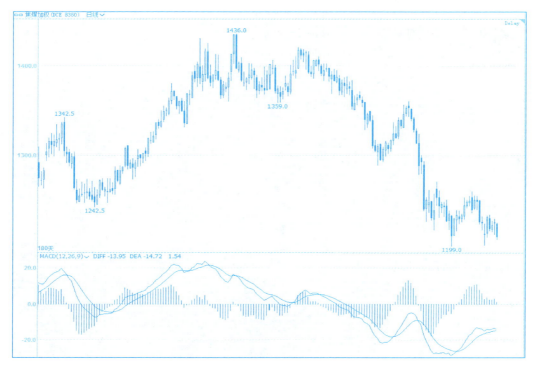

图 8-11　DIF 和 DEA 的数值及线的位置

（二）DIF 和 DEA 的交叉情况

当 DIF 与 DEA 均处于横轴上方，而 DIF 向上穿过 DEA 时，表示价格处于一种强势上升趋势中，价格将再次上涨，投资者可以选择加仓或继续持有多头仓位。

当 DIF 和 DEA 均处于横轴下方，而 DIF 向上穿过 DEA 时，表明价格在短期内即将由弱转强，下跌趋势将进行调整或反转，投资者可以尝试建立多头仓位或平仓空头仓位。

当 DIF 与 DEA 均处于横轴上方，而 DIF 向下穿过 DEA 时，表明价格在短期内即将由强转弱，上涨趋势将进行调整或反转，投资者可以尝试建立空头仓位或平仓多头仓位。

当 DIF 和 DEA 均处于横轴下方，而 DIF 向下穿过 DEA 时，表明价格处于一种较强的下跌趋势中，价格将再次下跌，投资者可以选择加仓或继续持有空头仓位。

DIF 和 DEA 的交叉情况如图 8-12 所示。

（三）MACD 指标中的柱状图分析

在常用的交易软件中，柱状图通常采用 2×（DIF-DEA）值而绘制成柱状图，用红柱和绿柱表示，红柱表示正值、绿柱表示负值。

当红柱持续放大时，表示价格处于上涨趋势中，价格将继续上涨，直至红柱缩小。当红柱开始缩小时，表示价格上涨趋势即将反转或进入调整期，价格将面临下跌。

当绿柱持续放大时，表示价格处于下跌趋势中，价格将继续下跌，直至绿柱缩小。当绿柱开始缩小时，表示价格下跌趋势即将反转或进入调整期，价格将面临上涨。

当红柱开始消失、绿柱开始出现时，这是价格趋势转变信号之一，表示价格的上涨趋势（或高位震荡行情）即将结束，价格将反转进入下跌趋势；反之，当绿柱开始消失、红柱开始出现时，价格将从下跌趋势转入上涨趋势。

MACD 指标中的柱状图分析如图 8-13 所示。

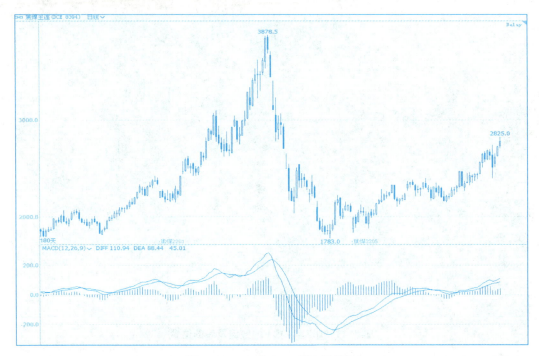

图 8-12　DIF 和 DEA 的交叉情况

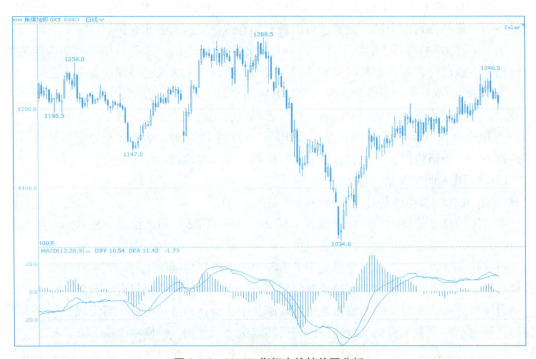

图 8-13　MACD 指标中的柱状图分析

（四）MACD指标的其他常见分析方法

1. M头W底等形态

MACD指标的分析通常还可以从其图形的形态着手，当MACD的红柱或绿柱构成双重顶（底）（M头和W底）、三重顶（底）等形态时，投资者也可以按照价格形态理论的研判方法来加以判断分析。

2. 顶背离和底背离

MACD指标的背离是指MACD指标的图形走势和K线图走势方向正好相反。MACD指标的背离主要有顶背离和底背离两种。顶背离是指K线图上的价格走势一波比一波高，而MACD指标图形上的柱状图形的走势是一波比一波低。当价格的高点比前一次的高点高，而MACD指标柱状图的高点比指标的前一次的高点低，即顶背离现象。顶背离现象一般是价格在高位即将反转的信号，表示价格短期内即将下跌。底背离和顶背离的原理相同，只是所处的价格位置刚好相反。当价格的低点比前一次的低点底，而指标柱状图的低点却比前一次的低点高，即底背离现象。底背离现象一般是价格在低位即将反转的信号。

> 【多说一句】
>
> MACD指标是较为常见且被多数人使用的指标。它的分析方法较多，投资者应该熟知它的理论基础，才能在不同的K线形态中有效运用MACD指标。在实际应用中，有的投资者把MACD指标当成趋势指标使用，也有的投资者把MACD指标当作震荡指标使用，针对不同周期及不同投资风格，应用也各不相同。

> 【多说一句】
>
> 在MACD的应用例子中，图8-14是一个非常标准的底背离做多机会，就是在AB线段与CD线段出现方向相反时，投资者可以进场交易。

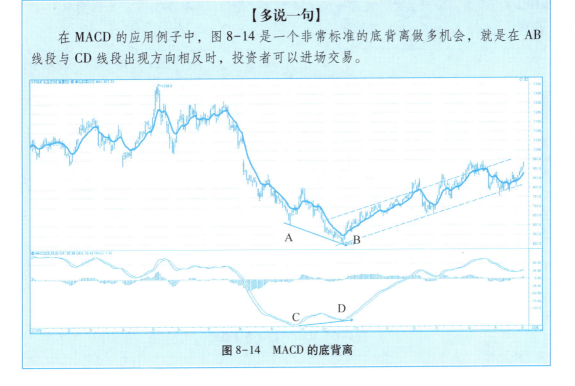

图8-14 MACD的底背离

在 B 点位置试多单后，斜率明确向上且价格稳定于斜率之上，这两个标准条件都存在，直到价格开始出现明显回调。

随后的向上趋势线（虚线），也明确引导投资者多单的回调减码。在回调后出现价格与斜率有支撑的信号下，投资者进行回补多单的操作。

（1）在图 8-15 中，我们看到在 A 位置之前，价格经过了一段下跌走势，A 位置开始出现交易机会。出现极端情境试多单信号，同时 MACD 指标也来到相对低点位置开始出现上升走势。在两者同步做多信号下，投资者进行试多单操作。

（2）随后价格在斜率之上，两者同时稳步向上延伸，这样的情境对多单是有利的。价格站上斜率做第一次加码，斜率由负斜率转为正斜率做第二次加码。总体来说，投资者共有三次进场操作机会：一是极端情境试多单，二是站上斜率，三是斜率翻正。

（3）直到 B 位置和 C 位置的出现，上升趋势在 C 位置开始进入追踪模式。也就是说，C 位置的出现只是让我们知道趋势越来越明确，但不是绝对正确的。这些认知差别就是是否犯交易逻辑错误的关键点，因为错误是主观的，但市场上的变化是客观的，拿主观的意识去撼动客观的事实，这是自然规律上的低级错误。

（4）ABC 三点决定了一个趋势后，投资者手中的多单处于获利状态，应该在 D 位置出现回调时，进行减码操作。至于是否进行减码，也是体现投资者思维的一个关键点（我们建议，应该进行减码操作）。

（5）价格来到 E 位置，此时价格突破上轨线，有强化上升趋势的可能，可惜力道未能持续，价格滞涨，出现回调现象，此时又是一个减码机会。价格来到 F 位置，在 ABC 上升趋势的下轨线处，之后再度反弹而上。此时，投资者应该回补之前减码的仓位。

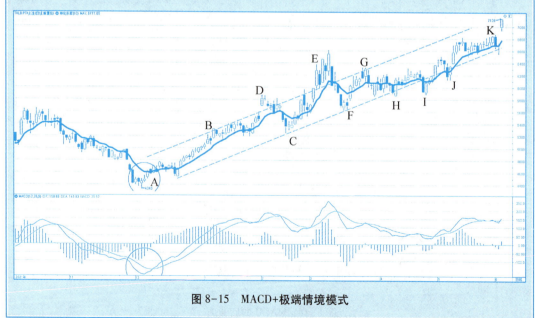

图 8-15　MACD+极端情境模式

（6）价格再度来到上轨线的 G 位置，价格没有突破上轨线而是再度回调到 H 位置，又是一个回调时刻。在这种上升趋势不变，但出现回调走势，投资者减码后再加码是必要的。

（7）在沿着下轨线走高的过程中，对投资者最大的考验是价格跌破下轨线的处理方式，这个时间点总仓量是相对较少的，因为市场呈现的是价格收敛形态（EFGH 四个点所组成）。这种情况下，价格往上走或往下走，都是合理的思考。相对来说，此时的基本面如果是强势有利于多头，那么价格向上升的机会自然较大。

（8）价格来到 I 与 J 位置之后，斜率与价格依然明显向上波动。此时的多单从 A 位置到 K 位置，已经有了近 60% 的涨幅，虽然过程中有减码也有加码（回补）等操作，但主要体现的是在风险有限的前提下，追求最多的利润。如此一来，资金安全得到保护，当然也支付了部分利润作为调仓成本。两者之间的选择由投资者自己决定。

从企业的角度来说，不用这么短线操作，可以采用对冲或避险交易的方式。企业可以使用周线进行相同逻辑的操作，我们以一个精对苯二甲酸（PTA）期货的例子来说明（见图 8-16）。

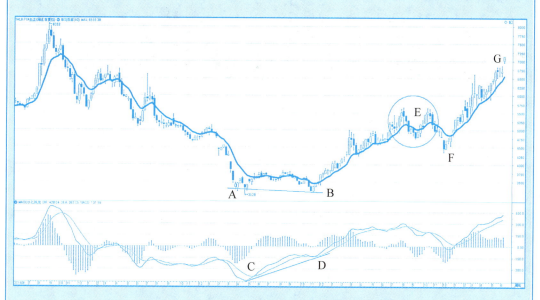

图 8-16　PTA 期货"周线"MACD 避险操作逻辑

这是横跨 2 年周期的操作逻辑。某企业未来需要购买 PTA 原料，但担心价格上涨，因此在期货市场做买入套期保值操作。A 位置到 B 位置期间，市场价格经历一波大幅度下跌走势后，出现 AB 线段的震荡止跌，MACD 也出现底背离现象。同时，企业判断现货价格也进入了底部区间。

　　我们以基本面现货价格止跌，从多头有利的角度来探讨。当期货市场价格止跌（AB 线段），技术面形态偏多（AB 段与 CD 线呈现背离），企业可以进行多单避险操作。也就是说，未来需要买进现货的企业，担心现货价格上涨，对企业经营成本造成压力，需要在期货市场上进行买入套期保值，也就是做多操作。对未来有买进现货需求的企业，这个策略才有意义。

　　价格来到 E 位置时，市场价格已经上涨 75% 左右，可以看到企业进行避险操作的效益显现。随后在价格回调期间，企业对冲的仓量应做减码操作。

　　在 F 位置，价格与斜率再度来到对多头有利的趋势观察当中。此时，在市场面回调有支撑、基本面持续对多头有利的双重前提下，企业应再度进行多单操作，进而规避企业在现货市场的损失。

　　在 F 位置之后，价格再度上涨，斜率的陡峭程度增加，即角度越来越大。期货价格上涨趋势惯性保持延续，现货市场价格也继续上涨，此时是完整的基本面与市场面共振的状态。

　　当价格来到 G 位置时，出现了一个向上跳空的走势，这两年来 PTA 期货价格从最低价的 3 128 点涨到 7 142 点，涨幅为 128%。通过买入期货套期保值，企业可以真实感受到期货市场服务实体经济的渠道。通过期货市场进行风险规避，企业可以处在一个最佳的经营环境之中。利用好保险+期货等工具，可以帮助企业及国民经济稳定健康发展。

　　我们以生猪期货为例（见图 8-17 和图 8-18）。

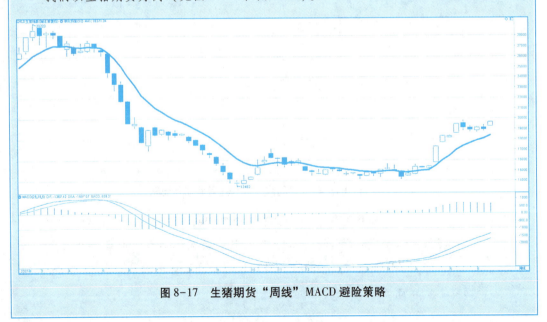

图 8-17　生猪期货"周线"MACD 避险策略

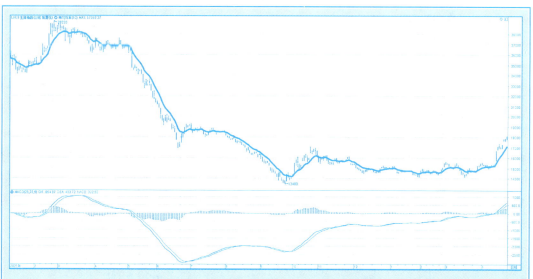

图 8-18　生猪期货"日线"MACD 避险策略

企业（农户）为养猪企业（农户），通过对基本面数据与现货市场状况的研究，担心猪价后期下跌，准备进行卖出套期保值，采取生猪期货空单避险操作。

相应计算如下：生猪最小单位交易 1 手是 16 吨，按交割单体标准约为 120 千克为依据，也就是交易一手期货约相当于买卖 130 头生猪；按市场价 17.5 元/斤（1 斤等于 500 克），保证金 10% 计算，则一手生猪期货 = 17.5×2×16 000 千克×10% = 56 000 元。如果企业（农户）有 130 头生猪需要进行避险，那么要准备进行一手期货的做空避险操作。

时间来到 2021 年 2 月中旬的位置，生猪期货在一段上涨走势后，其价格、斜率已经开始走平，同时 MACD 指标也处在无法上扬状态，基本面与市场面出现共振现象，于是在 28 000 元的价格做空一手生猪期货。

到了 4 月初，期货价格开始下跌、斜率开始由正斜率转变为负斜率，MACD 指标明显同步开始下调。此时，基本面与市场面形成了共振，企业（农户）的生猪期货空单开始出现盈利。

生猪期货价格持续下跌，斜率、MACD 指标同步向下波动，期货空单利润也持续扩大，显示出此次生猪期货避险操作是有效的。企业（农户）的经营活动已经不受市场生猪价格下跌的影响，有效地维持了生猪生产的销售毛利。

时间来到 2021 年 9 月底，生猪期货价格出现一段急跌走势，市场出现多单认赔出场的过度反应现象，也就是极端情境模型出现了。此时，企业（农户）准备进行期货空单的获利了结操作。

10 月初，期货价格止跌，斜率反方向回归，此时斜率开始走平，同时 MACD 指标也开始不再有新低走势。虽然 MACD 指标可能出现技术钝化现象，但是也表示市场已经来到了一种极端情境的位置，可以随时准备获利出场。

企业（农户）做出平仓出场决策后，在生猪期货价格为 15 000 元位置进行了清仓出场，结束这次的期货空单避险操作。避险效益为 208 000 元，也就是企业（农户）避免了 208 000 元的销售损失。

我们再来看一个白银期货的例子。从图 8-19 可以看出，白银期货在 A 位置出现 MACD 指标试图往上翻的态势，同时价格斜率也在向上掉头，投资者建立多单。

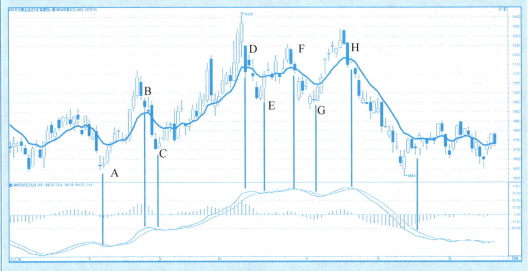

图 8-19 白银期货 MACD 实例

在 B 位置，MACD 指标虽然没有反转下弯，但价格与斜率正乖离过大，投资者进行减码操作。

在 C 位置，MACD 指标出现向上翻转机会，虽然还没有出现向上翻转，但已经处在一个走平状态，此时 MACD 指标不再下行就是一个信号。随后，价格来到斜率之上，MACD 指标也同步向上，两者产生共振，投资者建立多单。

在 D 位置，MACD 指标平稳向上，应该持有多单，在价格出现急涨或急跌时，投资者减码操作即可。

在 E 位置，MACD 指标处在相对高位，同时价格与斜率没有明显走势，投资者此时保持观望态势。

在 G 位置，价格、斜率有上扬态势，但 MACD 指标只是在高位波动，投资者此时若有操作，应进行少量或短线操作。

在 H 位置，试空单的极端情境出现，投资者持有多单获利了结出场。在试空单阶段，投资者若有操作意愿则应买进看跌期权。这个策略可以让投资者拿下多单利润后，再度建立起未来可能下跌的仓位，而且是以支付权利金方式建立，所形成的风险是可控的（风险仅为权利金部分）。一旦行情真的下跌，那么收益是可观的。

在 H 位置，投资者建立空单后，行情一路下跌，在合适的位置可以卖出看涨期权，收回部分权利金。此时，买进看跌期权和卖出看涨期权组合而成的仓位等同于期货空单的状态。

在 I 位置，斜率开始走平，但 MACD 指标持续下行，这个矛盾可能是技术指标的滞后特性造成的，因此投资者以减码空单为佳，部分仓位获利了结，是个不错的选择。

在 I 位置之后，价格、斜率与 MACD 指标都处在横向整理的态势，投资者以保持观望为主。

第五节 随机指标

一、KDJ 指标的原理

随机指标（KDJ）是根据统计学原理，通过一个特定周期内出现过的最高价、最低价以及最后一个计算周期收盘价三者之间的比例关系，计算最后一个价格周期的未成熟随机值（RSV），之后根据平滑移动平均线方式计算 K 值、D 值与 J 值，并绘成曲线图来判读价格走势变化。

KDJ 指标主要是利用价格波动的真实波幅来反映价格走势的强弱和超买超卖现象，在价格趋势尚未完全转向之前发出买卖信号的一种技术工具。其主要的逻辑是研究最低价、最高价和收盘价之间的关系，同时也包含了动量、强弱指标和移动平均线的部分特点，因此能够比较快捷、直观地研判行情。KDJ 指标本质上是一个随机波动的指标，反应较为灵敏，对分析中短期行情走势比较适用。另外，因为 K 值与 D 值介于 0~100，因此 KDJ 指标又属于震荡型指标。

二、KDJ 指标的应用

KDJ 指标是一种适用于中短期波段分析的技术指标，它的反应比较灵敏。市场价格的趋势一旦形成，很难在短期有所改变，在长期趋势分析中，KDJ 信号会经常失误和出现钝化现象，超买和超卖的现象可能持续相当长一段时间，以至于 KDJ 信号发生较大偏差。在对价格有了趋势性判断的基础上，投资者利用 KDJ 指标进行中短期的分析和调仓较为合适，可以将 KDJ 指标与趋势性指标组合起来使用。

KDJ 指标由 3 根曲线组成，移动最慢的是 D 线，其次是 K 线，移动最快的是 J 线。

KDJ 指标的数值区间分为 3 个小部分，即 20 以下、20~80 和 80 以上。其中，20 以下的区间属于超卖区，80 以上的区间属于超买区，20~80 的区间为买卖平衡区。

当 J>K>D 时，3 条指标曲线呈多头排列，表示当前价格为上涨趋势；当 3 条指标线出现上穿"金叉"时，KDJ 指标发出买入信号。

当 J<K<D 时，3 条指标曲线呈空头排列，表示当前价格为下跌趋势；当 3 条指标线出现下穿"死叉"时，KDJ 指标发出卖出信号。

如果 KDJ 线交叉突破反复在 20~80 震荡，表示价格处于调整或横盘震荡中。

由于 KDJ 指标具有较为灵敏的特点，因此理论上的分析和实际中的应用会产生一定的冲突，下面从实际中的应用出发来介绍 KDJ 指标的买卖逻辑（见图 8-20）。

（1）当 D 值大于 80 时，表示行情呈现超买现象；当 D 值小于 20 时，行情呈现超卖现象。在 K 值和 D 值出现速度减弱，就是倾斜度趋于平缓时，是短期趋势变化的预警信号。

（2）当 K 值大于 D 值，即 K 线向上突破 D 线时，为买进信号，此时价格大趋势应该

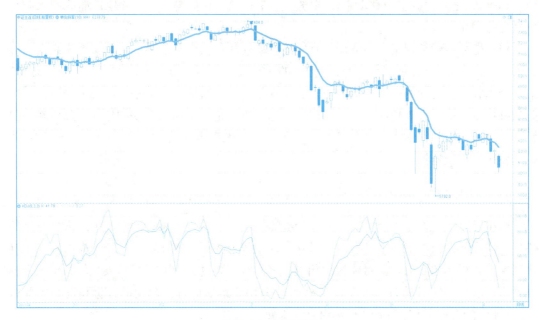属于上升趋势才适用。当 K 值小于 D 值，即 K 线向下跌破 D 线时，为卖出信号，此时价格大趋势应该属于下降趋势。

（3）在一般情况下，KDJ 指标虽然能反映市场超买超卖程度，同时还能通过交叉突破发出买卖信号，但是 KDJ 指标钝化问题是值得注意的。KDJ 指标出现钝化现象，意味着 KDJ 指标短期内失效。

（4）由于 KDJ 指标灵敏度较高，因此 KDJ 指标只适用于交易量较大的品种。交易量较小容易导致信号失真，失去 KDJ 指标原本的意义。因此，投资者在 KDJ 指标的应用上应注意品种的选择。

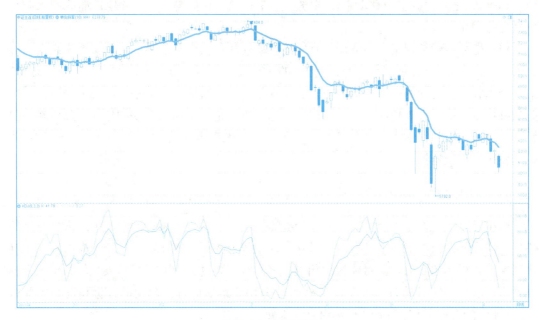

图 8-20　KDJ 指标

【多说一句】

投资者在运用 KDJ 指标的过程中通常会产生这样的疑惑：有时指标严重超买，价格却继续上涨；有时指标在超卖区间长时间钝化，价格仍未止跌。实际上，交易者在这里混淆了指标与价格的因果关系。指标不能决定市场价格未来的走向，价格却能决定指标的运行状况。价格是因，指标是果，由因可推出果，由果来溯因却是本末倒置。事实上，最能有效体现市场行为的是形态，投资者首先应当从技术形态中分析市场参与者的心理变化并服从市场行为。在涨跌趋势未改变之前，投资者不要试图运用指标的超买、超卖或钝化等来盲目断定市场该反弹或回调了。投资者应当灵活地运用技术指标，充分发挥其辅助参考的作用。

【多说一句】

图 8-21 反映了白糖期货走势，我们看到 A 位置是起点，A 位置之前价格已有一段下跌走势，同时 KDJ 指标开始向上翻转，投资者初步建立试多单操作。

在 B 位置，KDJ 指标来到 80 以上，价格与斜率之间出现正乖离过大现象，投资者进行获利了结或减码操作都是合理的。

在 C、D 位置，在相同逻辑下，投资者进行偏空操作。这两个位置都是获利了结的机会。

在 E、F 位置，KDJ 指标未能冲破 50 以上，属于弱势走法，而价格与斜率开始偏弱，投资者倾向减码操作。

在 G、H 位置，如同在 B 位置的获利了结或减码操作逻辑，KDJ 指标在高位开始转为弱势，价格与斜率之间的正乖离过大，投资者可以进行减码操作。

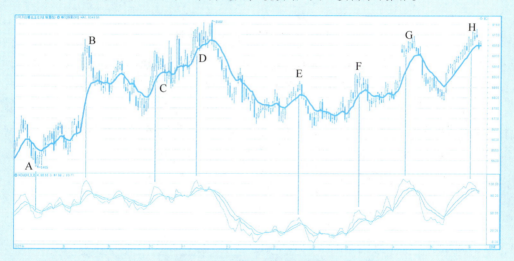

图 8-21　白糖期货做空逻辑应用

我们再来看以做多为主的例子，如图 8-22 所示，A 位置为起点，价格之前已有一段下跌走势，KDJ 指标同步开始向上翻转，是初步建立试多单操作的机会。投资者在价格与斜率的正乖离过大之时减仓或清仓获利了结。

因为本例是以多单为主，所以重点在做多机会的介绍。在 B 位置，我们看到斜率向上，KDJ 指标同步往上，出现做多的机会，投资者建立多单。

在 D 位置，再度出现相同逻辑，斜率向上，同时 KDJ 指标开始往上走，这样的逻辑配搭是继续多单操作的机会。

价格来到 E、F、G、H 与 I 位置时，都是相同逻辑下的做多机会。不同的是，E 位置与 F 位置的后续行情比较短，如果交易者的敏感度不够，没来得及减码或清仓出场，可能导致被套牢。这个问题需要投资者不断在市场中积累经验，针对投资中可能出现的操作错误，进行必要的大量练习。只有通过这样的训练，投资者才能在后续的投资中做出合理的操作。

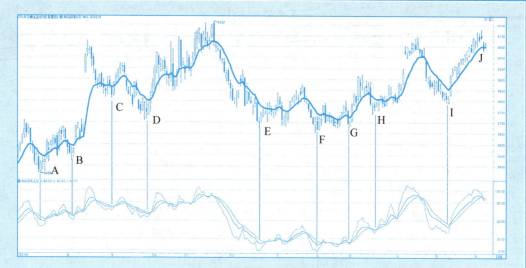

图 8-22　白糖期货做多逻辑应用

　　在一段来回波折后，价格来到 J 位置，此轮做多机会结束。从 A 位置开始，通过多次的多单操作，我们可以了解到在市场价格运行过程中，机会是多次存在的。

　　了解了单向操作模式，接下来，我们再来看看双向操作模式，这个模式的重点在于投资者需要多空同时思考。投资者经过反复练习，不断积累实践经验，对多空双向操作就能游刃有余了。

　　在这个例子中，我们只谈最简单的模式（见图 8-23）。

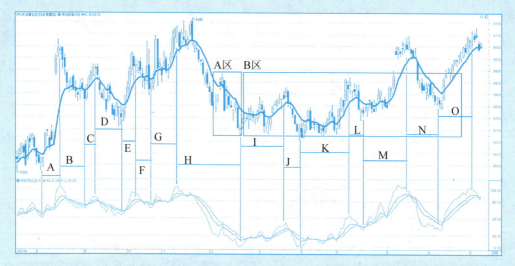

图 8-23　白糖期货多空操作应用

　　我们假定如下：投资者尊重市场价格的客观事实。

　　投资者对交易逻辑完全持有绝对客观的态度，不能看到市场客观的交易机会却又想着另外一套交易方法。简单来说，就是投资者有严格的执行力。

投资者对交易逻辑的规定完全遵守。对基本面信息,投资者有相应的分析能力,并且能理解基本面与市场面的共振与否。这是决定操作效益的重要因素。

交易逻辑如下:价格斜率向上,同时 KDJ 指标斜率向上,偏多操作;价格斜率向下,同时 KDJ 指标斜率向下,偏空操作;斜率与 KDJ 指标两者的同步程度,允许一根或两根 K 棒的误差(这个允许误差极为重要)。

在 A 位置,由于斜率向上,KDJ 指标同步向上,投资者进行多单操作,随后价格一旦向下波动,则止损点守在跌破 A 位置的最低点。因为价格跌破该价格区间,表示价格下跌走势尚未结束,投资者需要认赔出场,重新寻求操作机会。

在多单进场后,价格继续向上波动,多单产生了操作效益,投资者持有多单,并观察趋势有无变化。到 B 位置时,价格已经有了一段涨幅,同时价格与斜率出现正乖离过大现象,投资者进行减码或清仓操作。如果投资者只有交易一手期货仓位,自然就是获利了结,再寻进场机会。我们此处设定投资者为一手仓位操作。至于更多仓位的资金配置操作,投资者可以根据自己的仓位管理进行分配。

投资者清仓多单后,价格与斜率出现试空单的极端情境,同时 KDJ 指标也来到相应高位产生共振,投资者建立一手期货空单。之后,价格来到 C 位置,价格走平,斜率走平,KDJ 指标也不再向下波动,投资者进行获利了结操作,并空仓观望。

在 D 位置,再度出现试空单的极端情境,同时 KDJ 指标经过一段上涨后,不再向上波动,而是掉头向下走弱,投资者建立一手期货空单。

随后价格确实向下波动,虽然中间有一天的反弹走势,但没有改变斜率的方向,也没有改变 KDJ 指标的向下走势,投资者仍然持有空单。直到 E 位置出现,价格止跌、KDJ 指标也横向止稳,投资者对期货空单进行获利了结。

E 位置稍后出现斜率向上、KDJ 指标同步向上的共振现象,投资者建立期货多单。价格来到 F 位置,出现试空单的极端情境,同时 KDJ 指标掉头向下,投资者进行清仓操作,又是一次获利了结的机会。之后,价格从 F 位置到 H 位置之前,没有操作机会,投资者空仓观望。

到 H 位置时,价格在一段上涨后出现横向波动的滞涨模式。在一根大阴线下跌后,斜率向下,同时 KDJ 指标也开始向下,两者再度共振,投资者建立空单仓位。

之后价格虽有小幅度反弹,但没有改变下降趋势,投资者仍持有空单。直到 I 位置,价格出现试多单的极端情境,同时 KDJ 指标也出现低位上扬的走势,这也是两者共振现象,投资者将空单获利了结。此时,投资者空仓观望。

J 位置有空单操作机会,K 位置有多单操作机会,甚至 L 位置与 M 位置也有操作机会,但因为从 2021 年 12 月下旬开始出现震荡格局(A 区开始),投资者减少操作,尤其是进入 B 区之后的操作更应小心。如果投资者想在此区间进行交易,应以短线交易为主。在震荡区间内,投资者的交易敏感度要更高一些。

之后,N 位置有做空机会,O 位置有做多机会,交易逻辑与之前一样,不再赘述。

同学们，如果给你们一笔钱，你们会怎么样让你们的财富不断增值呢？

当然是投到期货市场了，我们才学习了期货，高杠杆，钱也增值的快了。

虽然学习了期货，但我们没什么经验，还是谨慎些好。我们可请像阿中老师这种有期货经验的高手帮我们管理。

乒乓同学比较理性，知道找更专业的人理财。乔乔的想法也可以，但是要清晰地认识到自己的能力以及期货市场的风险，不断在期货市场积累经验。

如果盲目选择自己不擅长或不了解的领域，不仅不能让财富增值，还会造成无法估计的损失。在进行投资方式选择时，需要我们对自己的需求和风险承受能力进行客观分析。

那什么样的方式最好呢？

没有最好的方式，只有最适合自己的方式，像乒乓说的找专业做期货的人管理，那叫做买CTA基金，也就是管理期货类的基金。除此之外，还有债券型基金、股票型基金、MOM基金、FOF基金等。

那么多种类啊，难道每种都买一点？

我们应该根据自己的风险偏好来选择，想要知道哪一种最适合自己，那就得知道每种基金的投资策略是什么样的。

比如股票多头策略、股票中性策略、债券型策略、管理期货策略等都是常见的投资策略，我们知道了它们的策略原理，就可以匹配最适合自己的财富管理方式了。

第九章　了解投资策略，丰富资产配置

从财富管理角度而言，投资策略是个无法越过的障碍，因为真正理解投资策略的投资人才能进一步掌握财富管理的钥匙。成功的投资人的财富利润来自不同市场、不同周期，甚至不同的投资策略。据此，整个金融市场展现了多样化的色彩。

各类型的企业都需要学习投资策略来管理资产。有效地管理资产才能提供企业经营所必需的资金量，以满足各项工作的资金需求。企业通过对投资策略的有效掌握，才能进一步提高经营效益，满足企业的风险管理需求。无论是企业的资产管理还是个人的资产管理，如何在较高安全保护水平下，有效运用闲置资金与投资策略，都是我们要努力学习的。

只有正确理解各种投资策略，才能谈到正确地驾驭投资工具，才能进一步在全球经济环境风云变幻的过程中，保护好企业的生产力与生存力。本书从第一章到第九章，就是试图介绍资产配置的各项基础技术与经验，诚挚希望读者多加利用。当这些基础技能培养起来了，再深入学习资产配置技术，那么，对企业也好，对个人投资者也好，都是不可多得的好事。

第一节　股票型策略

股票型策略是指以股票为投资标的的投资策略，其中包括股票多头策略、股票市场中性策略等子策略，是国内基金行业中最主流的投资交易策略。

股票多头策略的盈利总体而言主要来自股票价格上涨带来的利润以及持有部分股票获得的股息收益，其中资本利得的部分可以分为被动收益和主动收益两类，即 beta 收益与 alpha 收益。

> **【多说一句】**
>
> 资本资产定价模型的奠基人、著名经济学家威廉·夏普将金融资产投资收益拆分为两个部分，即市场收益（beta）和市场超额收益（alpha）：
>
> beta（β）指的是可归因于市场整体收益的基金收益，即市场收益。beta 是用来衡量系统性风险、大盘指数的波动幅度，是一种随市场波动而波动的风险。beta 可以通俗地理解为大盘上涨 1%，投资者的股票也上涨 1%；大盘下跌 2%，投资者的股票也下跌 2%。
>
> alpha（α）指的是不可归因于市场收益的收益部分，即独立于市场的超额收益。alpha 可以通俗地理解为大盘上涨了，投资者的股票比大盘涨得更多；大盘下跌了，投资者的股票跌得比大盘更少。

一、股票多头策略

股票多头策略容易被民众认同并接受，参与门槛相对较低且获利效应相对较好，是居民财富配置方案内不可或缺的策略。

股票多头策略是指基金经理基于自身对市场环境及股票的认知并做出判断，以在低价买进股票，待股票上涨至某一价位时卖出获得差价利润为主要收益的策略。随着金融市场的发展与技术的进步，交易手段逐渐丰富，股票多头策略从投资理念角度出发，逐渐演化为主观多头策略和量化多头策略两类。

（一）主观多头策略

主观多头策略是依赖于人的主观认知对股票进行投资决策的策略。其主要特征在于投资期限偏向于中长周期，对基金经理及其团队的学术背景、认知能力以及投资经验依赖程度较高，交易频率通常偏低。

主观多头策略多从中长周期定性角度出发，更关注持仓股票本身的价值，在享有 beta 收益的基础上以中长期的 alpha 选股收益为主要收益来源。也就是说，主观多头策略更注重所选取公司股票自身的价值以及公司本身的成长空间。部分交易型策略会选择降低 alpha 选股收益的同时，通过调整仓位增加择时收益，以更好地适应阶段性的市场环境。

主观多头策略的持仓周期及风格依据其产品的投资目标而定，但通常具有较为鲜明的中长周期、个股及行业持仓集中度高的特点。主观多头策略的风格主要可以分为以下四类，如表9-1所示。

表9-1　主观多头策略的风格

分类	内容
价值风格	以偏向大市值的蓝筹股、白马股为主要投资标的，要求标的公司盈利模式清晰、财务数据稳定、有较为明确的可预期回报，涉及行业主要有金融等
成长风格	以偏向中小市值的成长股为主要投资标的，要求标的公司所在赛道潜在空间大、盈利增速高、具备可观的潜在投资盈利空间，涉及行业领域有科技制造、新能源等
均衡风格	兼顾价值风格与成长风格，持仓相对分散且要求投资标的的定价有明确合理因素的支撑
交易型风格	根据市场情况实时调仓捕捉交易热点、跟踪投资趋势、规避行业风险，以交易作为主要收益来源；无明显的行业倾向，是主观多头策略中持仓周期较短的一类策略，也是对管理人综合素质要求最高的一类策略

投资者在选择主观多头策略的基金产品时，除了管理人资质、股东背景、管理规模、换手率等基础内容外，还需要重点关注如表9-2所示指标。

表9-2　关注指标

指标	内容
投研团队	主观多头策略极度依赖于关键人员的投资经验、能力及框架，因此对投研团队的学术及从业背景、投研风控逻辑及体系、人员的稳定性有较高的要求。核心人员的变动往往意味着管理人主观多头策略的稳定性将面临极大的挑战
产品运作规模	产品运作规模越大，机构投资者资金占比越高，则代表产品越受到市场关注和认可
区间收益表现	通过不同市场环境下产品业绩的表现（区间收益、波动率及最大回撤、夏普比率、卡玛比率等指标）可以较为明确地判断出管理人投资风格的稳定性及其风控能力
杠杆、衍生品的使用	从风控角度而言，不适当的杠杆、衍生品使用容易造成产品的极端亏损，因此管理人是否有严格的风控管理办法及内部预警止损指标是判断管理人产品业绩稳定性高低的一个重要角度

【多说一句】

主观多头策略是最为传统和常见的策略，主观多头策略基金有自己的优点和缺点，对基金管理人投资能力依赖度较高，投资顺利的时候会出现较好的收益，收益波动整体较大。主观多头策略有个地方需要注意，那就是显著的分化。同样是一流的基金管理人，每年在业绩表现上会出现各种分化，而且这种分化还会随着市场整体的变化而不断改变。

（二）量化多头策略

量化多头策略相较于主观多头策略更偏重定量决策，通过预先设置的多因子模型输出交易及风控信号，以程序化的方式快速实现对市场盈利及风险的捕捉，具备高纪律性，交易频率相对主观多头策略显著较高。量化多头策略进一步可以分为两类：一类为对标指数策略，即同时以获取指数波幅以外的超额收益为目的的指数增强策略；另一类为注重宏观市场环境的变化、注重选股和细化操作的量化择时策略。

> **【多说一句】**
>
> 对比较抽象的"多因子模型"的概念，我们可以通俗地理解为有一批人参加马拉松比赛，如果想要知道哪些人会跑到平均成绩之上，那只需在跑前做一个身体测试即可。那些健康指标优异的运动员，获得超越平均成绩的可能性较大。多因子模型的原理与此类似，其核心在于"因子"条件的选取和判定。例如，在通常情况下，假设2022年1月1日我们选取流通市值最大的100只股票，构建一个投资组合，持有到2022年年底。如果该组合获得了15%的超额收益率，就说明了在2022年这段时间，流通市值与最终的收益率之间存在正相关关系，那么就可以作为一个选股因子。

量化多头策略本质上是依赖于模型及机器的因子投资，其收益主要来自各个交易频段上交易对手方错误定价带来的 alpha 收益，相较于定性的基本面信息更加关注交易层面的各类定量信号以及软硬件升级带来的交易速度的提升对于快速捕捉盈利的影响。除开 beta 部分的共性收益外，现阶段量化多头策略的 alpha 收益可以拆解为以下四类：

（1）通过因子选股进行组合的优化调整所得到的选股 alpha 收益。

（2）参与打新股可以获得的无风险 alpha 收益。

（3）t+0 底仓滚动带来的无风险 alpha 收益。

（4）股指期货多头持仓替代的 alpha 收益。

部分私募基金会选择使用期货持仓代替多头部分的持仓以获得期货贴水收益，并利用剩余的资金通过投向货币基金、叠加高频套利策略等方式，获得进一步的收益。此外，近两年场外期权的兴起，使得部分管理人也会考虑选择直接利用场外期权作为多头部分的替代品以提升资金使用效率，获得收益。

在主观多头策略评价维度的基础上，量化多头策略需要额外评估的内容如表 9-3 所示。

表 9-3　评估内容

项目	内容
团队的数理背景	量化多头策略的本质是数理，对团队的理工类学术背景或海内外量化投资从业经验具有极高的要求
技术研发投入	量化多头策略对软硬件均有极高的要求，需要大量的投入。设备落后于市场意味着交易速度会落后于竞争对手，使得产品收益出现明显下降

表9-3（续）

第九章　了解投资策略，丰富资产配置

项目	内容
合作交易商	在当前市场金融软硬件竞争不完全充分的情况下，合作交易商的选择带来的交易所机房资源及交易系统资源将会直接影响到管理人的交易速度，从而影响产品收益
交易数据源	从风控角度而言，不适当的杠杆或衍生品使用容易造成产品的极端亏损，因此管理人是否有严格的风控管理办法及内部预警止损指标，是判断管理人产品业绩稳定性的一个重要角度
模型稳定性与迭代速度	量化多头策略相对主观多头策略更注重数据对信息的刻画及描述，数据质量将直接影响管理人创造收益的能力
选股要求	选股及偏离度要求主要针对指数增强策略，用以关注产品相对指数增强部分的稳定程度

【多说一句】

　　量化多头策略的收益曲线相对主观多头策略来说更为平稳，但收益上限比不上主观多头策略。两者相比较也可以这样理解，主观多头策略更注重深度，量化多头策略更注重广度。量化多头策略也存在自己的不足，因为部分量化的交易频率偏高，管理规模上升后，交易成本占比会更高，同时超额的收益会被摊薄，特别是同类量化多头策略有众多资金涌入时，平均收益会明显降低。

二、股票市场中性策略

　　股票市场中性策略是一种股票投资策略类型，是指对两种具有一定相关性的股票，采取相等规模做多和做空的对冲策略，即让市场收益（beta）趋近于零，以此来对冲政策风险、经济周期波动风险、利率风险、汇率风险等系统性风险，并保留超额收益（alpha），从中获取一些利润。通俗地讲，股票市场中性策略就是做多看好的股票，做空不看好的股票，但多空组合的股票是具有一定相关性的。由于同时持有多空两种头寸，理论上不论大盘指数是上涨还是下跌，该策略都不会受到大盘涨跌的影响，以此赚取多空投资组合之间可能存在的超额收益。

【多说一句】

　　如果投资者发现了一只低市盈率的股票相对另一只高市盈率的股票存在超额收益，此时低市盈率股票组合的 beta 假设是 1，而高市盈率股票组合的 beta 假设是 1.2，投资者用 120 万元做多低市盈率股票，用 100 万元做空高市盈率股票，这时整体资产的 beta 值多空就会互相抵消。换句话说，此时投资者不需要承担大盘波动的风险，该投资者最终得到的结果就是低市盈率股票与高市盈率股票之间的超额收益，也就是看好的股票会涨得更多，不看好的股票相对跌得较少，最终实现两只股票间的差额收益。

股票市场中性策略的主要类型如表 9-4 所示。

表 9-4 股票市场中性策略主要类型

类型	内容
交易型策略	大多以量价类因子为主，同时换手率较高，以交易赚取短期差价作为 alpha 收益的主要来源
传统多因子策略	以基本面因子为主，换手率相对交易型策略低，以基本面因子选股作为 alpha 收益的主要来源
机器学习策略	使用机器学习算法作为多头端选股的依据，在一般线性模型的基础上额外关注其非线性部分
T+0 策略	以 T+0 交易作为 alpha 收益的主要来源，可以按操作方式细分为以人工为主的手工 T+0 策略和以程序化交易为主的机器 T+0 策略。此外，按管理人是否自建多头端进行分类，T+0 策略可以分为一般 T+0 策略和融券 T+0 策略。后者可以利用融券机制在完全对冲风险敞口的前提下，利用高换手率的价差交易逐步累积 alpha 收益。

目前，市场上的股票中性策略所使用的对冲工具主要以股指期货和场内外融券两类为主（见表 9-5）。

表 9-5 对冲工具

项目		内容
股指期货		股指期货是目前市场上股票中性策略使用最多的对冲工具。作为对冲工具，股指期货的优势在于市场流动性较高且交易便捷，缺陷在于股指期货市场的升贴水及基差波动情况会对策略有效性造成较大的扰动
融券	个股融券	个股融券是股票中性策略最为优质的对冲工具，可以达成多空两端的精细化对冲并获取负向 alpha 收益。然而，受制于不具备完善的融券机制，市场整体融券标的的供应、覆盖度、交易便利性以及相关成本仍然无法有效满足股票中性策略的旺盛需求。近年来，在场内融券供给严重不足、成本偏高的情况下，场外融券开始兴起，部分管理人也会选择与券商或期货风险子公司签订协议，利用"收益互换+大宗交易过券"的形式进行融券对冲
	ETF[①] 融券	ETF 融券相较于利用股指期货对冲成本略有下降

股票中性策略的本质是利用各类对冲工具对冲市场风险后捕捉额外的 alpha 收益。从对策略本身的评估来看，需要重点评估的是策略对冲敞口的暴露程度及对冲成本对整体收益的影响大小。随着我国金融市场的不断发展完善，市场交易活跃度提升、容量扩大、对冲工具逐步丰富、对冲成本逐渐下降等因素将使得股票中性策略逐步在多空两端同时受益，不断提高股票中性策略的市场竞争力。

---

① ETF，即交易型开放式指数基金（exchange traded fund）。

【多说一句】

股票中性策略是相对比较复杂的，大多需要应用复杂的计算机模型来解析数据，辅助决定股票的选择。股票中性策略的风险小于传统的单边多头策略的风险，因为它赚取的主要是多空组合之间的超额收益，没有过大的单边敞口风险。当然，在相对较低风险的同时也注定了相对较低的收益，该策略比较适合稳健类型的投资者。

第二节 管理期货策略

管理期货策略又称商品交易顾问策略，简称 CTA 策略，简单理解就是投资于期货市场的策略。CTA 策略是指由专业管理人投资于期货市场，利用期货市场上升或下降的趋势获利的一种投资策略。CTA 策略主要投资于大宗商品期货以及金融期货。

一、CTA 策略的分类

根据管理人的交易方式进行分类，CTA 策略可以被分为主观 CTA 策略和量化 CTA 策略（见表 9-6）。

表 9-6 CTA 策略的分类

类别	内容
主观 CTA 策略	依赖于核心管理人的能力与经验，对期货市场各品种的走势做出相对定性的判断并进行交易
量化 CTA 策略	依据因子模型对市场价格进行定量的分析决策，并利用机器实现高纪律性的交易。根据数据源及数据处理方式的区别，量化 CTA 策略可以进一步细分为以量价数据为主的趋势追踪策略、结合基本面要素及量价要素的多因子策略以及针对非线性关系数据所采用的机器学习策略

依据交易标的差异，CTA 策略又可以分为商品 CTA 策略、股指 CTA 策略以及复合 CTA 策略三类。目前，我国的 CTA 策略主要基于活跃的商品期货标的以及股指期货标的进行交易，国债期货因参与投资者较少，市场活跃度不高，导致此类产品相对较少。

期货交易最大的特点是保证金制度，它让投资者仅使用少部分资金便可撬动合约价值数倍于保证金的期货合约进行交易。在通常情况下，CTA 策略产品不会将全部资金用于期货交易，而是使用部分资金进行交易，剩余的资金投向以货币基金等为主的稳健型产品或留存于期货公司收取返息。一般而言，10%~15% 的资金使用比率被视为中等杠杆水平，30% 以上的资金使用比率被视作超高杠杆水平。

交易频率是区分 CTA 策略属性的一个重要标签，能够有效反映出管理人 CTA 策略的交易是否与其投资理念相匹配。我们通常将 tick 级或分钟级信号的交易视作高频交易，将小时级或其他日内级信号的交易视作中高频交易，将持仓从隔夜至10个交易日的交易视作中频交易，将持仓10个交易日以上的交易视作低频交易。CTA策略产品净值曲线的波动率及策略容量与交易频率呈反比关系，风险会随着交易频率的降低而逐步增加。

CTA策略的私募基金管理人通过从交易方式、交易品种、保证金使用、交易频段的不同组合来形成自己的投资策略。

二、CTA 子策略介绍

CTA 子策略如表9-7所示。

表9-7　CTA 子策略

CTA 子策略	内容
主观趋势策略	该策略侧重投资人主观判断期货价格趋势，通过对期货价格未来走势的分析和判断，从而进行投资决策
量化趋势策略	该策略侧重利用计算机系统构建数理模型判断未来期货品种的价格走势。目前，在国内，该策略还处于发展期。量化套利交易模型多元化，模型的速度和修正都还有很大的发展空间。量化投资有三个比较大的分类：价格趋势，相对价值、套利、对冲，高频和超高频交易
主观套利策略	该策略侧重依靠投资人的主观分析判断，通过在两个不同的期货市场中发掘同一种或本质上相同的商品之间的价差，以有利的价格在一个市场上买进该商品的同时在另一个市场上卖出该商品以获取收益；或者在同一个期货市场不同品种之间或同一品种不同合约之间进行套利操作。该策略常见的类型有期现套利、跨期套利、跨市套利、跨品种套利 期现套利是指某种期货商品，当期货市场与现货市场在价格上出现差距，从而利用两个市场的价格差距，使用正向基差套利或反向基差套利策略，低买高卖而获利 跨期套利是指在同一期货品种的不同月份合约上建立数量相等、方向相反的交易头寸，最后以对冲或交割方式结束交易并获得收益的方式。最简单的跨期套利就是买入近期的期货品种，卖出远期的期货品种。跨期套利在实际操作中又分为牛市套利、熊市套利 跨市套利是指在一个市场上买入（或卖出）某一交割月份的某种商品合约的同时，在另一个市场上卖出（或买入）同种商品相应的合约，以期利用两个市场的价差变动来获利。跨市套利一般可分为正向套利和反向套利 跨品种套利是指利用两种不同的、存在相互关联关系的标的资产间的价格差异进行套利交易。例如，螺纹钢与铁矿石、焦煤与焦炭、热轧卷板与螺纹钢等
量化套利策略	该策略侧重利用计算机系统构建数理模型，在期货市场中挖掘相关联期货品种或合约之间价格错配现象的机会，利用这种价格错配进行套利
复合策略	该策略同时投资于两种子策略以上且投资于每种子策略的资产不超过基金总资产的50%

三、CTA 策略的特点

CTA 策略的特点如表9-8所示。

表 9-8　CTA 策略的特点

特点	内容
与股债市场相关性低	CTA 策略的主要标的是期货市场的各个品种，这种底层资产本身就与传统的股债市场差异较大，产品之间的相关性也很低，有利于分散风险
保证金交易制度	由于期货市场采用保证金交易制度，各不同品种通过保证金交易可以实现数倍杠杆，CTA 策略一般仅占用 10%～20% 的保证金，其他的资金可以采用市场中性策略或指数增强策略来增加投资收益
具有双向收益特性	期货市场属于双向 T+0 市场，多空双方均可进行投资操作，其灵活特征使之在涨跌市场环境中都可能获益。CTA 策略基金以趋势策略为主，因资产自身的做空交易机制的存在，在资产价格上涨和下跌行情下，均可以跟随行情趋势进行交易来获取收益。在经济下行甚至经济危机时期，市场由于参与者的趋同性会产生较强的趋势性，同时波动率会急剧上升，股票类市场都会有较大回撤，而 CTA 策略则会呈正收益，或者相对较小的负收益

四、如何选择 CTA 产品

市场上 CTA 产品数量众多，如何才能选择一款高质量的产品呢？投资者可以从表 9-9 所示的四个方面进行考量。

表 9-9　选择 CTA 产品

项目	内容
业绩	选择 CTA 产品，首先看其历史业绩表现和业绩的可持续性，时间越长收益越高，说明产品越好
团队	选择 CTA 产品，一定要深入研究其团队构成，一个成功可持续的 CTA 产品，必须依靠团队实力。好的团队可以进行多策略投资，能够在各种市场形态中取得较好的投资收益。团队的专业实力、稳定性等极其重要
回撤	选择 CTA 产品，需要关注最大回撤下的收益特征。最大回撤在一定程度上可以判断 CTA 产品的风险敞口大小。在相同风险敞口下取得的绝对回报的多少，可以更好地评判 CTA 产品的好坏
规模	选择 CTA 产品，在研究其业绩持续性的同时须关注其整体规模，规模的大小可能对投资经理的投资决策造成影响，管理规模越大的基金，其收益稳定性相对会越好

没有尝试过 CTA 策略的投资者应选择中短期混合类产品，能忍受较大回撤和较长周期且追求绝对收益的投资者可以选择中长周期趋势策略。

CTA 策略的表现更多地与市场的波动率相关。当市场呈现出明显的上涨或下跌趋势时，趋势跟踪策略往往会表现较好；当市场呈现无序波动时，CTA 策略往往无法有效捕捉趋势，表现欠佳。

【多说一句】

由于期货市场的保证金制度、T+0双向交易制度等原因，CTA策略操作方法比较灵活，交易频率更高，收益和风险也高于股票型策略，更适合激进的投资者。值得注意的是，由于CTA策略的灵活多变性，基金管理人两极分化也更加严重，投资者在选择基金管理人的时候难度更大。从资产配置的角度看，在通货膨胀阶段或宏观经济衰退及经济危机发生的阶段更适合配置CTA策略资产，可以起到增值和在一定程度上规避风险的作用。

第三节　债券策略

债券策略是指对债券资产进行投资的策略。根据中国证监会对基金类别的分类标准，基金资产超过80%投资于债券资产就可以定性为债券基金，即可以认为该基金采取了债券策略。在实际投资中，根据产品具体资产的投向不同，债券策略可以进行相应的划分。债券策略的分类如表9-10所示。

表9-10　债券策略的分类

分类	内容
纯债策略	纯债策略是指基金资产全部投向债券类资产的策略，主要通过对债券的合理配置及部分的波段交易实现收益
强债策略	强债策略是指在纯债策略的基础上，叠加部分固定收益相关或非相关的品种配置或交易的策略，在获得原有稳定纯债收益的基础上，获取其他来源的、相对稳定的高额收益 高收益债策略即通常所说的"垃圾债策略"，以投资评级以下（Baa3或BBB-级）的债券作为标的，在充分研究的基础上博取市场对标的错误定价的收益 股票增强策略及可转债策略以股票和可转债作为叠加的品种，利用一般债券价格走势与股票市场走势、可转债市场的低相关性，在保有纯债稳定收益的同时博取股票市场及可转债市场的高额收益

债券策略的收益来源可以被拆解为票息回报、下滑回报、资本利得以及杠杆收益四个部分（见表9-11）。

表9-11　债券策略的收益来源

项目	内容
票息回报	票息是指购买债券所获得的发行人承诺兑付的利息，是所有债券策略的主要收益来源。该部分收益主要取决于债券发行人、债项的资质以及债券购买方购入该债券的时间节点

表9-11(续)

项目	内容
卜滑回报	下滑回报是指在向上倾斜的收益率曲线上,债券到期期限的自然缩短使得对应的收益率自然下滑,从而获得的债券价格自然上升的回报。因为债券的价格与收益率呈反比关系,所以在正常的市场上,出于对风险和流动性差异的补偿,债券到期时间越长,其收益率越高
资本利得	债券与股票类似,都可以在二级市场上进行买卖交易。债券买卖产生的价差收益就是资本利得。资本利得的产生通常来自市场利率变化的预期对债券收益率曲线的影响,因此在债券策略中对久期(债券各期现金流支付所需时间的加权平均值。久期越长,到期收益率越高,对应利率风险越大)与凸性(债券价格收益率曲线的曲度。凸性越大,价格上升时获益越多,下跌时损失越少)两类利率敏感性指标保持较高的关注
杠杆收益	在平衡风险及收益的情况下,债券资产相比于其他类别的资产并不具备吸引力。增加债券策略收益的关键,除去合理的交易及配置外,便是利用回购交易反复质押购买债券,放大杠杆效应,将具备较高确定性但收益较低的资产的名义规模成倍放大以赚取资产规模扣去杠杆成本部分的收益

从交易角度出发,债券策略的交易体系可以分为现券交易、回购交易、衍生品交易三类(见表9-12)。

表9-12 债券策略的交易体系

项目	内容
现券交易	现券交易是债券交易中最为普遍的交易形式,债券买卖双方对债券的成交价达成一致,并根据交易所在的市场进行对应债券的交割和相应资金的交收。债券现券是所有债券配置策略的根源所在,也是实现债券票息收益、下滑回报收益以及资本利得的主要形式
回购交易	回购交易是指债券正回购方(债券质押、资金融入)将债券质押给逆回购方(买入返售方、资金融出方)的同时,双方约定在将来某一指定日期,由正回购方按约定回购利率计算的资金额向逆回购方返还资金,逆回购方向正回购方返回原出质债券的融资行为。在债券交易中,回购交易主要用于放大杠杆及临时性融资
衍生品交易	债券市场同股票市场一样,拥有自身对应的衍生品交易,主要可以分为债券远期、利率互换、国债期货等利率衍生品工具,信用违约互换(CDS)、信用风险缓释合约(CRMA)、信用风险缓释凭证(CRMW)等信用风险缓释工具

通过上述工具,基金管理人可以实现对自身债券现券组合的利率风险管理及信用风险管理,并在此基础上实现交易策略的多样化。目前,券商也提供了跨境收益互换交易境外债券相关资产的路径,使得境内市场的债券策略得到了进一步的扩展。此外,通过银行间买断式回购、债券借贷、国债期货等方式也能实现债券做空,然而由于债券投资天然多头的特性,做空交易的体量远远不如多头交易。

投资者在选择债券策略的基金时,除了跟其他策略一样通常需要关注基金管理人资质、管理规模等要素外,还需要关注如表9-13所示的债券类产品的要素。

表 9-13　债券类产品的要素

项目	内容
风险收益特征	投资者在决定投资之前，需要对产品的投资范围、投资限制、投资行业分布、组合久期、业绩基准、是否设有侧袋机制等情况有清晰明确的认知，以防出现风险收益错配的情况
估值方式	投资者需要在投资前确认产品针对不同债券品种的具体估值方式，以防止遭受预期以外的损失
信用评级体系	债券策略最大的风险源于信用风险，一旦出现信用风险，容易造成投资者全部本金的损失
杠杆	杠杆是债券策略重要的收益来源，也是债券策略的风险点之一，其可得性和使用情况是判断债券策略管理人的重要标准
资金属性	由于债券策略收益可预见性较高，专业的机构投资者在产品内的占比越高，越能体现出产品受到市场的关注及认可

【多说一句】

债券策略投资相对较为稳定，风险较低，普遍收益高于银行存款，流动性也比较强，比较适合稳健型投资者和对风险要求较高的投资者的资金配置。由于债券策略的特性，其经常被股票和 CTA 基金管理人组合成复合策略来使用，以降低风险。

第四节　组合基金投资策略

一、FOF

FOF（fund of funds）通俗地说就是基金中的基金，是一种专门投资于其他投资基金的基金。FOF 并不直接投资股票或债券，而是通过持有其他证券投资基金间接持有股票、债券等证券资产。

作为一种创新型的基金产品，FOF 源自 20 世纪 70 年代的美国，已经有几十年的发展历史了。直到近年来，我国国内市场才开始逐步推广和发展 FOF 市场。因为其具有风险小、波动小、由专业投资者负责打理、帮助投资者省时省力等优点，所以在国内仅仅发展数年，但已得到了越来越多的投资者的认可。

【多说一句】

我们可以把基金理解为炒菜做饭，食材就是各种不同类型的金融资产，如果对自己的厨艺没信心，可以找受过专业训练的厨师。这个厨师，就是我们通常说的基金经理。

如果说普通基金经理的任务是炒菜，那么 FOF 经理的角色就是宴席总管，确定菜品、组合、上菜次序，几荤几素都要搭配得当，才能保证来的客人吃得舒服。

（一）FOF 的分类

按照投资标的分类，FOF 可以分为纯 FOF 和非纯 FOF 两类。纯 FOF 只买基金或投入基金的比例不低于基金资产的 80%。非纯 FOF 则是基金、股票、债券都可以买。按照投资对象分类，FOF 可以分为内部 FOF、外部 FOF、混合 FOF 三类。按照投资基金种类分类，FOF 可以分为货币 FOF、债券 FOF、股票 FOF、QDII-FOF、混合 FOF 等（见表9-14）。

表9-14　FOF 的分类

分类标准	类别	内容
按照投资标的分类	纯 FOF	只买基金或投入基金的比例不低于基金资产的 80%
	非纯 FOF	基金、股票、债券都可以买
按照投资对象分类	内部 FOF	只买自己公司的基金
	外部 FOF	只买其他基金公司的基金
	混合 FOF	投资全市场范围内适合的基金
按照投资基金种类	货币 FOF	投入标的里将有不低于80%的基金资产投入于货币基金
	债券 FOF	投入标的里将有不低于80%的基金资产投入于债券基金
	股票 FOF	投入标的里将有不低于80%的基金资产投入于股票基金
	QDII-FOF	投入标的里将有不低于80%的基金资产投入于 QDII[①] 基金
	混合 FOF	投入标的里将有不低于80%的基金资产投入于混合基金，或者是各种基金都可以投入

（二）FOF 的特点

FOF 的特点如表9-15所示。

表9-15　FOF 的特点

特点	内容
流动性较低	FOF 投资的是一篮子基金，有一定的封闭期，可能是按月、季度、年开放申购赎回，流动性相对低一些

---

① QDII（qualified domestic institutional investor），即合格境内机构投资者。

表9-15(续)

特点	内容
风险分散	FOF 将资产分配到不同投资类别中来分散风险，有助于降低资产组合的波动率
双重费用	FOF 由于投资不同的基金，除了母基金的管理费用之外，还可能收取子基金的管理费用和申赎费用

(三) FOF 的适用范围

FOF 解决了普通投资者资产配置难、择时难以及选择难的三大难题，适合投资资金量比较大，但不太会投资，也没时间去投资的投资者；也适合风险偏好较低的投资者。因为是基金组合，所以风险会相对分散一些，并且有专业团队帮助管理。

(四) 如何选择 FOF

选择 FOF 的考虑因素如表 9-16 所示。

表 9-16　选择 FOF 的考虑因素

项目	内容
看基金类型	目前市场上大部分的 FOF 都属于混合型。混合型基金大致可以分为偏债混合型、平衡混合型、偏股混合型三大类，这几种 FOF 收益和风险逐渐递增
看历史业绩	我国的 FOF 成立时间相对较晚，直到 2017 年才成立了第一批 FOF。对于那些成立时间较早且历史业绩优秀的 FOF，基金公司一般会倾向于投入更多的资源，努力打造王牌产品。这类基金从长期来看业绩一般不会太差
看规模和回撤	绝大部分投资者配置 FOF 的目的都是资产配置，追求较为稳健的收益。因此，投资者需要将回撤列入 FOF 的重要筛选标准，尽量回避回撤较大、规模较小的 FOF
看基金经理	混合型 FOF 在本质上是主动管理型基金，投资者选择主动管理型基金其实就是选择基金经理的眼光和配置能力，需要重点关注基金经理的从业时长和历史业绩
看招募说明书	招募说明书是 FOF 的投资说明书，里面包含了投资标的、风险控制、利润分配等核心要素

总而言之，FOF 属于资产配置型产品，为投资者解决了大类资产配置和基金优选的难题，提供了多种风险收益特征的解决方案，适合对收益和风险目标相对清晰、愿意通过较长时间持有产品获取收益的投资者。

二、MOM 基金

MOM（manager of managers）基金，即管理人的管理人基金，由 MOM 基金管理人通过长期跟踪、研究基金经理投资过程，挑选长期贯彻自身投资理念、投资风格稳定并取得超额回报的基金经理，以投资子账户委托形式让他们负责投资管理的一种投资模式。MOM 基金和 FOF 看着很像，但完全不同。FOF 是由一个管理人来管理全部资产，主要投向市场上其他的基金。MOM 基金由一个主管理人授权多位管理人一起管理同一只基金。

【多说一句】

简单地说，MOM 基金经理手中有一笔钱，其会把资金分成多个部分，然后从市场中挑选几个优秀的基金经理，让他们去管理这些钱。MOM 基金经理最后的基金收益就是挑选出来的基金经理的收益之和。

（一）MOM 基金的优点和缺点

MOM 基金的优点和缺点如表 9-17 所示。

表 9-17 MOM 基金的优点和缺点

优点或缺点	内容
精选的投资管理人	MOM 基金根据基金的实际情况，从私募、券商等机构中选择合适的、专业的投资管理人组成优秀投资团队。他们运用比较成熟的基金管理理念、灵活的投资策略，帮助投资者实现了资产保值和增值
资产种类更多样	MOM 基金是选人而不是选基金，因此投资范围更加广泛，除了股票、债券外，商品、外汇等投资品也可以进行投资，从而更好地分散风险
收益稳健	产品的管理人针对市场环境的不同，对基金投向进行切换和对冲，资金曲线显著优于单一投资顾问，具有长期稳健的优点
分散配置，风险可控	普通基金的投资风险集中在一个基金管理人身上，MOM 基金将决策风险和系统风险都有效地分散了，MOM 基金在投资运作的过程中，净值波动比较小，在很大程度上降低了投资者的风险
起投的额度比较高	MOM 基金一般是由私募机构发行的，私募基金的起投金额相对较高，一般是在 100 万元。较高的门槛阻碍了资金量不足的投资者参与 MOM 基金
流动性比较差	MOM 基金的封闭期一般至少是一年或更久
收益曲线比较平滑	资产类别的分散让 MOM 基金的收益虽然很平稳，但是也没有一个爆发的点。MOM 基金获得的收益基本上是一个市场平均水平的收益

（二）MOM 基金和 FOF 的区别

MOM 基金和 FOF 的区别如表 9-18 所示。

表 9-18 MOM 基金和 FOF 的区别

项目	内容
产品本质不同	MOM 基金与 FOF 虽然都是多管理人基金，但是 MOM 是将基金资产委托给其他基金经理进行管理，FOF 以精选基金组合为投资对象。也就是说，MOM 基金是管理人的管理人基金，FOF 是基金中的基金
组合对象不同	MOM 基金组合的是优质基金经理，FOF 组合的是优质基金产品。MOM 基金从市场上精选符合需要的优质基金经理来管理 MOM 基金，而 FOF 则是在基金市场筛选优质基金

表9-18（续）

项目	内容
管理费不同	MOM 基金通过专户、虚拟子账户运作，管理费用相对较低；FOF 投资于现有市场上的基金产品，容易出现母基金和自基金的双重收费
运作模式不同	MOM 基金通过精选市场顶尖私募管理人，既可以投资于证券市场，也可以投资于市场的其他基金；FOF 并不直接投资股票或债券，其投资范围仅限于市场上的其他基金，FOF 没有新设产品，而直接投资标的市场
投资策略不同	在投资策略上，MOM 基金将更多决策权力交给基金经理，并将基金经理的配置放在首要位置；FOF 将资产配置放在首要位置，FOF 在整个产品层面的投资策略由产品管理者负责制定，但具体到每只基金的策略是基金经理自己制定的

（三）如何选择 MOM 基金

选择 MOM 基金的考虑因素如表 9-19 所示。

表 9-19　选择 MOM 基金的考虑因素

项目	内容
基金经理	基金经理作为负责基金产品和投资策略的管理者，是基金产品的灵魂，选择一个好的基金经理是选择基金品种的重要因素。投资者可以结合基金经理的从业年限、业绩以及在牛熊周期中的综合绩效表现作为核心参考指标
基金规模	基金规模就是市场中的投资者对基金产品信任满意程度的客观表现。通俗地说，基金规模扩大的原因一定是可以为投资者带来较多的投资回报，投资者才会不断购买基金。因此基金的规模也可以在一定程度上反映出该基金的业绩表现
基金公司	优秀的基金公司通常拥有优秀的投资管理团队，也更容易取得优秀的业绩，相应地也就可以吸引到更多的投资者，基金规模会逐渐扩大，会有更优质的资源，聘请更优秀的人员，形成良性循环
基金持仓	观察一只基金可以了解该基金的投资风格，也可以明白自己间接投资了哪些标的资产。这要求投资者需要具备一定的金融知识，可以大致了解一下基金所投资的标的资产质量

【多说一句】

市场上的基金数量繁多，收益参差不齐，对于对金融市场的了解程度不深的个人和企业来说，组合基金是比较好的选择。专业的事情交给专业的人来做才是最好的选择，FOF 和 MOM 基金管理人的专业性可以帮助投资者选择更好的基金投资组合。

后记

《衍生品实务教程》终于要和读者朋友们见面了，从最初的策划到本书的正式出版，经历了两年多的时间，本书凝聚了华西期货投教基地全体成员的智慧和力量。

期货和衍生品市场是一个"小行业、大市场"，具有发现价格、管理风险、配置资源三大功能。我国期货市场经历了 30 余年的发展，已逐步进入健康发展的良性轨道，商品期货交易量已经连续 12 年位居全球首位，成为全球第一大商品期货市场，国际影响力日渐增强。从 2022 年 8 月 1 日起《中华人民共和国期货和衍生品法》正式施行，更为我国期货市场的发展带来了黄金机遇期。

作为期货市场高速发展的亲历者与见证者，华西期货深刻地意识到投资者教育对期货行业发展所起到的重要作用。纵观国内外资本市场，无论是新兴市场还是成熟市场，投资者教育工作在其中都发挥着至关重要的作用。我国资本市场的投资者构成主体以个人投资者尤其是以年轻投资者为主，针对年轻一代投资者最有效的投资者教育方式就是在校期间将系统性的投资者教育课程体系纳入国民教育体系中，以此全面提升全体公民的金融财商素养。

2021 年，我们在四川长江职业学院建立了四川辖区首家期货类实体投资者教育基地。该基地建成后，我们积极联合各高校，从金融知识普及和人才培养双重路径出发，将期货衍生品知识与投资者教育纳入国民教育体系进行了有机结合。我们通过学分共建课程、暑期金融研训班以及各类专题讲座等多种形式，在各高校中系统性地开展了投资者教育纳入国民教育体系工作。经过多年持续积累，我们已完成了五期本专科类高等院校的金融专业学分课程共建项目，并针对 20 余所高校举办了七季暑期金融研训班以及数百场金融专题讲座，已累计向社会输送了数千名高素质的应用型金融人才。此次《衍生品实务教程》的出版对于我们的工作意义重大，它成为全国第一本由期货投教基地发起编写并被高校选用的期货专业教材，是我们完善投资者教育纳入国民教育体系的一块重要拼图。

在本书即将出版之际，我们衷心感谢中国证监会四川监管局唐理斌局长、孟强副局长、刘学处长、曹颖副处长以及投资者保护工作处全体人员在本书立项、编写以及出版的过程中给予我们的耐心指导与支持鼓励。

我们由衷地感谢四川长江职业学院董事长韩瑾先生。作为中国资本市场与教育行业的资深参与者，韩瑾董事长拥有丰富的投资经验、严谨务实的作风以及宽广坦荡的教育情怀，在了解了华西期货投教基地的建设规划后，给予了我们极大的支持与便利，让我们充满感激并备受鼓舞。

我们感谢韩虎校长及四川长江职业学院全体同仁。在本书编写过程中，韩校长抽调了学校的骨干教师配合协助我们，使得编写工作得以如期顺利完成。

我们特别感谢华西期货董事长胡小泉先生。没有胡小泉董事长的推动，这本书不知道何时才能与读者见面。作为奋战在资本市场一线的金融前辈，胡小泉董事长的战略眼光给予了我们深刻的影响与启迪。

我们感谢在本书编写出版过程中给予我们帮助的指导老师们，他们是丁明鲜教授、李康荣副教授、温莉莎老师、楚乔老师等。

受时间、精力及能力所限，本书的编写可能会存在或多或少的缺陷及不妥之处，敬请专家学者和广大读者批评指正！我们真诚地希望通过本书的出版能在多方面给予读者参考与启迪，也希望本书能为我国期货市场的发展贡献一份绵薄之力。

编者

2022 年 12 月于成都